让孩子一生受益的
教育方法

用教育杰出人物的方法教育孩子

卢孟来　编著

RANG HAIZI YISHENG SHOUYI DE
JIAOYU FANGFA

SPM
南方出版传媒
广东经济出版社
·广州·

图书在版编目（CIP）数据

让孩子一生受益的教育方法：用教育杰出人物的方法教育孩子 / 卢孟来编著. —广州：广东经济出版社，2017. 2

ISBN 978-7-5454-4850-4

Ⅰ. ①让… Ⅱ. ①卢… Ⅲ. ①教育方法 Ⅳ. ①G4

中国版本图书馆CIP数据核字(2016)第225486号

出版发行	广东经济出版社（广州市环市东路水荫路11号11~12楼）
经销	全国新华书店
印刷	茂名广发印刷有限公司 （茂名市计星路60号大院）
开本	787毫米×1092毫米 1/32
印张	17 1插页
字数	163000字
版次	2017年2月第1版
印次	2017年2月第1次
书号	ISBN 978-7-5454-4850-4
定价	29.80元

如发现印装质量问题，影响阅读，请与承印厂联系调换。

发行部地址：广州市环市东路水荫路11号11楼

电话：(020)38306055 38306107 邮政编码：510075

邮购地址：广州市环市路水荫路11号11楼

电话：(020)37601980 邮政编码：510075

营销网址：http://www.gebook.com

经济出版社常年法律顾问：何剑桥律师

前言

杰出人物，难道是有种吗？当我们成为孩子的父母时，我们不得不面对这样一个问题：杰出人物的教育与普通人的教育就是不同。这个问题我们不能回避，因为它客观地存在。

我们来看看朱元璋是怎样教育他的皇子们的：朱元璋年轻时没机会上学，后来只是在马背上学了点文化，当他亲自撰写诏书或祭文时，语句都是似通非通的。他为徐达墓撰写的碑文，谁也断不开句。朱元璋一生都为自己文化水平低而遗憾。因此，他十分重视对孩子们的教育。

朱元璋称帝的第一年，就在宫中修建了大本堂，作为太子和诸弟学习的场所。堂中藏有大量历代图籍，供他弟兄们观览。他还征聘各地名儒，轮班授课，教育太子和诸王。这些师傅都是满腹经纶的大儒，如宋濂等。他前后十几年，向太子和诸王讲四书五经，讲礼法，一举一动都要合礼仪和规矩。

关于如何教育这些皇子，朱元璋对儒臣们提出了他的教育方针："譬如一块精金，要找高明工匠打造，有一块美玉，也要有好玉匠才能成器。有好子弟，不求名师，岂不是爱子弟还不如爱金玉吗？我的孩子们将来是要治理国家的，各功臣子弟也要做官办事。教育他们的方法，最要紧的是正心。心一正，万事都能办好；心不正，各种邪欲都来了，这是最要不得的。要教他们切实的学问，用不着像一般文士那样，只是会记诵辞章，没一点好处。”

在朱元璋看来，学问重要，德行更重要。

时空转到21世纪，孩子是父母一生的希望，带着父母的梦想在成长。怎样让孩子有出息，成为栋梁之才，做父母的责任重大。本书以古代帝王宰相教子为启示，摄取宫庭教育的许多闪光点，取精华去糟粕，结合生活实例，让家长在教育孩子时有了更好的参照，早日把孩子培养成为出类拔萃的人才。

作　者

2006年6月

目录

第1章

培养杰出人物的贵重人品

中国第一历史档案馆目前保存着这样一份诏书，诏书中用满文和汉文合璧写道："皇四子胤禛，人品贵重，深肖朕躬，必能克承大统。著继朕登基，继皇帝位。"由于取得了合法的地位，胤禛在这场激烈的宫廷权力之争中就取得了决定性的胜利。真正卓越的人生，少不了正确的价值观，也就是品德。在所有成功的要素中，品德是成功之本。

第2章

学无止境,一览众山小的感觉真好

任何成功的得来都不是一朝一夕的结果。一个人、一个群体、一个民族、一个国家要得到成长与发展,就必须不断了解,不断学习。不懂、不会,就要了解,就要学习,学习就是为了更好地适应新的发展。荀子曰:“学不可以已。”说的就是这个道理。

第3章

大勇才能有大为

我们之中有许多人之所以不敢行动，是因为我们已经事先设想了实践时的害怕和恐惧。即使我们已经拥有了解决困难的能力，我们还是会害怕和恐惧。瞻前顾后，左顾右盼，最终导致我们一无所成，空自怨叹。梦想需要实现，计划需要执行，目标需要时间，所有的一切都需要你的勇于行动。成功者必定是一个勇敢而积极行动之人，也必定是一个敢想敢做之人。

第4章

点燃孩子的智慧之光

生存需要智慧，充分运用智慧谋求生存之道乃生存的最高境界。父母不必给予孩子金山银山，不必苦心孤诣地为孩子设计锦绣前程，只需教孩子掌握生存的智慧就能让孩子终身受益。

第5章

激情成就梦想

物皆有激情，并因激情而更加美丽、更具风采：鲜花是植物的激情，风儿是空气的激情，霞光是早晨的激情，波涛是河流的激情，雷电是云朵激情，奔马是草原的激情……作为万物之灵的人，怎能没有激情？

第6章

培养"力拔山兮气盖世"的大气魄

我们常常羡慕那些取得了重大成就的人，总觉得他们太伟大、太不平常了，甚至把他们奉为神圣。我们不应该一味地羡慕别人，而应该从别人的成功中吸取有益的经验来筹划自己的人生。那些伟大的人物，他们的成功来自多方面，其中最重要的一点是他们生活得很有气魄。一个人有大气魄，才会有大人生。人生的大气魄来源于远大的理想，人生的大气魄表现在人们取舍的态度上，目光长远，敢于进取，勇于割舍，就会有辉煌的人生。

第 7 章

良好的习惯伴孩子跋山涉水

一个人也许没有很好的天赋，但是，他一旦有了好的习惯，就一定会给自己带来巨大的收益。这些良好的习惯和品质使他在机会来临之时，或大胆出击，或顺应历史发展的潮流，成为时代的弄潮儿，最终踏上了成功之路。相反，有许多曾经非常辉煌而成功的人士又因为其本身所固有或隐藏着的坏习惯在某一时段定时爆炸……

第8章

向杰出人物学厚重的处世智慧

即使事态与你相逆，你也绝不要逆流而动。任何事物都有两面。如果你去抓的是刀刃，最好的事情也会伤害你；而如果你是抓刀柄，最有害的事情也会保护你。处世的技巧就是如此。

第一章

培养杰出人物的贵重人品

中国第一历史档案馆目前保存着这样一份诏书，诏书中用满文和汉文合璧写道:“皇四子胤禛，人品贵重,深肖朕躬,必能克承大统。著继朕登基，继皇帝位。”由于取得了合法的地位,胤禛在激烈的宫廷权力之争中就取得了决定性的胜利。真正卓越的人生,少不了正确的价值观,也就是品德。在所有成功的要素中,品德是成功之本。

历史镜头

虚心竹有低头叶，傲骨梅无仰面花

康熙7岁时，在孝庄皇太后的主持下，登上皇位。康熙少从伍次友为师。伍次友初不知康熙是皇上，以龙儿呼之，做布衣交，对康熙是半师半友的身份。伍次友对少年康熙说："纵观古今，哪一个大人物不是誉满天下，谤满天下。但是要时刻保持谦虚，这样才能有所作为。"伍次友时刻保持谦虚的作风，并且要求康熙务实，力戒浮躁，满招损，谦受益。伍次友在教育康熙保持谦虚的作风时和康熙进行了讨论。

伍次友对康熙说："孔子是著名的大思想家、教育家，学识渊博，那他可以说是造诣很高的了，像他这种人可以骄傲吗？"

康熙说："应该是可以的，他有骄傲的资本！"

伍次友说："他周游列国时，在去晋国的路上，遇见一个七岁的孩子拦路，要他回答两个问题才让路。其一是：鹅的叫声为什么大。孔子答道：鹅的脖子长，所以叫声大。孩子说：青蛙的脖子很短，为什么叫声也很大呢？孔子无言以对。因此他惭愧地对学生说，我不如他，他可以做我的老师啊！"

康熙听了大笑："没有一个人能够有骄傲的资本，因为任何一个人，即使他在某一方面的造诣很深，也不能够说他已经彻底精通。"

伍次友对康熙说："任何一门学问都是无穷无尽的海洋，都是无边无际的天空……所以，谁也不能认为自己已经达到了最高境界而止步不前或趾高气扬。如果是那样的话，则必将很快被别人赶上、很快被后人超过。我们每个人都要有虚怀若谷的胸怀。”

伍次友还说：“傲不可长，欲不可纵；乐不可极，志不可满；尺有所短，寸有所长；物有所不足，智有所不明；恭德慎行，为世师范；处世忌太洁，圣人贵藏辉……”

“人心虚则所学进，盈则所学退。虽极粗鄙之人，彼亦有中理之言。智者不以为自知自能而弃人之善也。”

因为身边有伍次友这位良师和益友，康熙一直生活在良好的环境中，并且多次微服私访，感受社会的竞争，提高对自己的认识。这对康熙这位少年天子的影响相当巨大，体现在他以后的学习和一系列政绩当中。

教育成果

虚己者进德之基

康熙很明智，他以求实精神教育文武百官不要徒有虚名，让官员和国人深思“满招损，谦受益”的深刻意蕴。

康熙深知上行下效之理，故能时刻注意以身作则，决不放任自己开恶习之例。

康熙四十二年三月十八日，为圣上五十大寿，但康熙下令停止庆贺筵宴。

早在康熙四十一年十二月十六日，诸王大臣及生监（生员、监生）百姓以明年为康熙帝五十诞辰，请上尊号（尊崇皇帝之号），再三奏请始终不许。

康熙说：“朕在位四十多年，未尝一刻不以民生休戚为念，远近安宁为本务。至于说庆云、景星、嘉禾、瑞草、天书、群风之奇，和老百姓没有任何关系，也打动不了我的心。侈言祥瑞（天人感应、吉祥征兆、真龙天子下凡不由人定）的人，只能贻笑大方，留在史册上让后人讥笑。

朕以实心为民，天视天听，要看民生，后人自有公论。若是夸耀功德，取一时之虚名，决不是我的意愿。不要在这个问题上老是陈奏，我不会答应的。”

到了康熙四十二年正月初六日，诸王大臣旧话重提，请皇帝在南巡出发之前，行庆贺礼，并晋献鞍马、缎匹等物。康熙说：“我的生日你们献贡物，在外地的总督巡抚也必须效法，朕一定不能接受。我向来爱好文学，你们中谁有诗文，可以送给朕过目。”

康熙五十六年，康熙帝对诸皇子及满汉大学士等说：“朕之生来并无灵异，及其长也亦无非常。”有一次听到讲官讲《易经》时说：“骄心一生，何所不止，故圣人急急惕之以忧，以为安者危之状，治者乱之机。”康熙闻言，连连称赞说：“这所言极是。”满招损，谦受益。圣人之道只在持满而已。在官员中有人自负才高，写出文章不许别人改动一字，康熙认为这种作风是可鄙的。他公开声称，自己登五台山时所撰的碑文结构未能精当，特请满汉大学士等“详加修饰，斟酌尽善”，并说：“朕所撰文字，有能润色易改者，朕所深喜，不以为嫌。”

康熙回顾四十余年百折不挠，孜孜求治，但仍有许多事未做好，康熙帝自责说：“清夜自问，移风易俗，未能也；躬行实践，未能也；知人安民，未能也；家给人足，未能也；柔远能避，未能也；言行相顾，未能也。自觉愧汗。”

有一日读公文，康熙见内阁所拟谕旨，有“海宇升平”等语，认为言过其实，指出：今海内虽定，民生未尽悦安，若谓升平，则泰然自足，无勤求上进之心，非朕意也。

嗣后谕旨，此等夸张盈满语，勿复拟人。凡见章奏内有“德迈二帝，功过三王”，“道备君师，功过覆载”等语，即及时传谕批评，令其改正。他接着又说：“一切颂扬之文，仅属无益。朕见近来颂圣语殊多，表策内亦以此等语铺张凑数，悉应停止。”

自康熙二十年至康熙六十一年，凡国家取得重大胜利，或逢皇帝五十、六十大寿，执政五十、六十周年等喜庆之日，在京的或不在京的全国各地诸王、贝勒、满汉大臣、蒙古王公及达赖喇嘛等，纷纷请上尊号，约统计达近二十次。康熙对此一概拒绝，并反复向诸官员说：“若大小臣工，人人廉洁，俾生民得所，风俗淳厚，教化振兴，天下共享太平之福，虽不上尊号，令名实多。如一切政治不能修举，则上尊号何益？朕断不受其虚名也。今吏鲜洁无效，民无康阜之体，君臣之间全无功绩可记，倘复上朕尊号，加尔等官秩，则徒有负愧，何尊荣之有？”

康熙六十年三月初四，为庆贺他御极六十周年，诸王、贝勒、满汉大臣、文武百官上书吹捧，恭上二十字尊号：“圣神文武钦明浚哲大孝弘仁体元寿世至圣皇帝”。这次的字数最多，康熙批驳得也最尖锐，他说：“从来朕所上尊号，不过将字面上下转换。此乃历代相沿陋习，特以欺诳不学之人主，以为尊称，其实何尊之有？且现今西陲用兵，外则官兵披坚执锐，冒暑充寒，劳苦已久；内则人民负重跋涉，换运远道，力亦疲困，兼之被灾之处，民多受累。念及于此，惟当修省图治，加惠黎民，有何庆贺？”

当时，这一连串的质问，使逢迎家们显得十分难堪。他进一步指出：“微贱无耻之徒，谓举行庆典必有殊恩，邀望非分。”更有人以为六十六年庆典皇上必行宽大，故屡杀屡犯。对此，他断然决定：“凡诏赦恩赉等项，概行停止。所奏庆典无益，不准行。”康熙多次拒绝上尊号，始终如一,直至晚年。

现代教育
点石成金

找回孩子的"听觉"

谦虚是美德,古今中外,无一不是这样的结论。孔子说:"三人行,必有我师。"前苏联作家高尔基说:"智慧是宝石,如果用谦虚镶边,就会更加灿烂夺目。"伟大领袖毛泽东也曾告诫过我们:"虚心使人进步,骄傲使人落后。"

在科学技术飞速发展的今天,科学知识正在迅猛更新。昨天掌握的知识,或许今天已经淘汰;今天我们所学到的新东西,到了明天后天,也许就会落伍。因此,在学习和工作上,我们每个人都应该怀着谦虚的态度,不断接受新知识、新技术,追求和探索科学领域的新东西。只有不断追求进步,永不满足于现状,才能跟上时代前进的步伐。

同样,在为人处世方面,也需要谦虚的品行。当年毛泽东回到故乡韶山,尽管他身为中国人民的伟大领袖,但他面对家乡父老,仍然以一个农民儿子的身份和大伙谈笑风生,充分表现了一个伟人的风范。著名科学家华罗庚在谈到自己的成就时说,他只是站在前人的肩膀上而已。这些都给我们树立了谦虚的典范。

与谦虚相对立的是骄傲。骄傲者容易满足,肚子里有一点东西就翘尾巴、摆资格、要态度,以为自己高人一等。在生活中,我们见过这样的现象,半桶水挑起来行走,最容易晃荡,晃来荡去就没了。英国伟大戏剧作家莎士比亚对这样的人进行了抨击,他说:"一个骄傲的人,结果总是在骄傲里毁灭自己。"

所以说，谦虚是美德。一个人只有时时处处表现出谦虚，才令世人称颂和赞美。

那么，我们如何培养孩子的谦虚性格呢？

(1)应建立良好的环境

父母应努力在家庭中为孩子创造一种团结友爱、相互尊重、谦虚礼让的环境，这是预防和纠正孩子嫉妒心理的重要基础。此外要正确评价孩子，不能因疼爱和喜欢就对孩子的品德、能力过分赞赏，以免孩子对自己产生不正确的印象。家长应适当指出他的长处和短处，使孩子明白人人都有长处和短处；小朋友之间应相互学习，帮助孩子正确评价自己；还要帮助孩子提高能力，如家长发现孩子在某些方面不如其他孩子，不要指责孩子不如别人，而应具体帮助他提高这方面的能力。

(2)要引导孩子树立正确的竞争意识

家长应引导和教育自己的孩子以正常的心态同别人比，要把孩子的好胜引导到积极的方面上来；要对孩子进行谦虚美德的教育。让孩子懂得“谦虚使人进步，骄傲使人落后”的道理。即使别人没有称赞自己，自己的优点仍存在，如保持自己的长处，虚心学习别人的长处，自己才会真正长久地得到大多数人的喜爱。

(3)以教训换经验

父亲和孩子在走路，如果父亲不断地提醒孩子走路要小心，不要被石子绊倒，孩子也许会不在意甚至感到厌烦，但等到孩子绊倒了，摔疼了，再和他说走路要小心的道理，这时他才能真正地听进去。这也可以说是以教训换经验，或是说以挫折唤起孩子的“听觉”吧。

(4)善于捋老虎胡须

当今孩子，由于在家庭中的“太阳”地位，渐渐变得耳朵失聪。特别表现在事事处处以“我”为中心，听不得一点反面意见。有许多孩子真正成了摸不得的“老虎屁股”。对这些“老虎屁股”，有的家长表现得很不明智，如有的家长，孩子在校评不上“三好学生”或当不上班干部，不是帮助孩子从自身找问题，而是生怕孩子受不了，去向老师求情或去责怪老师。在平常，总是说一些孩子爱听的“好话”，使孩子形成了惟我独尊的不良心理。

我们做家长的，要敢于并善于捋老虎胡须。对待孩子该表扬时就表扬，该批评时就批评。要教育孩子，虚心地、认真地听取别人的意见，哪怕是反面意见。“兼听则明，偏听则暗”，要向孩子讲讲唐太宗的故事，唐太宗之所以能成为一位杰出的封建君主，之所以有流传千古的“贞观之治”，就在于他能虚心纳谏。当孩子遇到挫折时，家长要引导孩子正视挫折，把挫折当镜子，在挫折中反思自己，鼓励孩子在哪里跌倒就在哪里爬起。有时家长明明知道孩子可能会受到挫折，也故意先不挑明，让孩子在感受挫折的过程中，找回自己的“听觉”。

(5)让孩子感受生活

当前的孩子在感情上大都是脆弱的，在感觉上大都是迟钝的，特别是在生活上。让孩子感受生活，是找回“听觉”的最好方法。我们要转变观念，树立正确的人才观。要解放孩子，使其从成人的种种禁锢中解放出来，还其一个自主探索的空间。我们要创造条件，让他们有充分的时间和空间来体味生活的酸甜苦辣，增长人生智慧，发展兴趣爱好，熔铸个性特长，使他们对生活的感觉变得更加灵敏，使他们变得更聪颖、更睿智。只有这样，孩子才能在不断变化的社会中立于不败之地。

历史镜头

小信诚则大信立

方苞是康熙的老朋友，同时也是四皇子胤禛的老师，是惟一可以和康熙畅怀交谈、毫无顾忌的人，也是康熙在遇到难决的事情时，惟一可以咨询的人。在诸皇子拼命争夺继承大权时，康熙和方苞谈得最多的题目，便是逐个地品评各皇子的优劣。

作为胤禛的老师，方苞在胤禛眼中是个威严的长者，是个信守承诺的人。这些优良品格贯穿在他的教学风格中，这对胤禛以后的人生观有很大的影响。

方苞要求胤禛讲究诚信，有一次胤禛故意逃课，逃课的原因是胤禛和贝勒们一起玩去了，而胤禛说他不舒服，这事情被方苞知道了，方苞很生气，在第二天对胤禛说："你还记得明朝宋濂的故事吗？"胤禛红着脸说："记得，宋濂为了不违背自己的诺言，冒着大雪去拜师！"

方苞说："古往今来，凡是品德高尚的人，都是诚实守信的人。孔子说：人而无信，不知其可也；民无信不立。墨子说：言不信者，行不果。孟子说：诚者，天之道也；思诚者，人之道也。这些都是做人的基本道理，我们不应该违背呀！只有有了诚信，你才能在社会立足，才能得到别人的尊敬，才能使他人信服，因为谁都不喜欢被欺骗。因此，做一个诚信的人是我们的责任、义务，是做人的最起码的原则。

诚而有信，不欺暗室。《大学》、《中庸》俱以慎独为训，则为圣贤第一要节。后人广其说曰：'暗室不欺。'所谓暗室有二义焉：一是私居独处之时，一是在心曲隐微则人不及知，惟君子谓此时指视必严也。战战栗栗，兢兢业业，不动而敬，不严而信，斯诚不愧于屋漏而为正人也夫！"

意思是说《大学》、《中庸》都把一人独处时也能谨慎不苟作为训诫，这是古代圣贤视为第一重要的礼节。后人把他引申为"不欺暗室"，也就是在别人看不到的地方也不做见不得人的事。所谓的暗室有两层涵义：一是指在一个人单独生活的时候；一是指一个人内心深处的隐秘。当一个人独自生活时，别人就看不到他的言行举动，深藏隐秘的内心深处就更使别人很难了解和看清楚。只有那些有德行的君子才能认识到，在这种时候，尤其要严格注意自己的言行和思想，事事谨慎小心不越礼法，时刻保持警惕，即使任何事都不做，也保持一种令人恭敬的态度，即使什么都不说，也让人感到可以信赖，这才是真正的正人君子。

在激烈的夺嫡竞争中，胤禛感受到诚信的重要性，康熙对他的诚信也经常赞扬，使胤禛真正认识到，只有诚信的人才能在这个社会立足，在看到兄弟们的勾心斗角时，他受到了诚信教育，因此时刻保持自己的诚信品质，也正是因为胤禛的诚信，他才得到康熙的赏识，最后以诚信荣登九鼎。

教育成果

土扶可成墙，积德为厚地

雍正虽然身为一国皇上，却力戒“傲”与“虚”，注重在诚信上做文章。

雍正即位以前过着和其他皇子一样逍遥的生活，主要是读书学习，游历四方。本来皇太子和皇帝的位子与他没有太大的关系。因为他既不是老大，也不是正宫皇后娘娘的亲生子。假如一切就这样顺利发展下去，康熙老死，皇太子即位，而他过完富贵平安的一生，默默无闻地老去。可偏偏出现太子被废，诸王争位以至于发生了手足相残的事情。当时，康熙面对这种形势急病攻心，一病不起。

据史料记载：“康熙病倒后，拒不服药，惟求速死。”由此可以想像康熙当时的郁闷心情。

这时，胤禛和三阿哥允祉再次表现出他们的过人之处。两人来到康熙的病榻前，苦苦相劝：“父皇你这么消瘦，又不看医生吃药，这样耽搁下去，一国臣民百姓往后可依赖谁呢？”

康熙被他们的话打动了，之后两人又进一步说：“我们虽然不通医术，却愿意冒着被杀的危险请求您看病，这病您看也得看，不看也得看！”当然，这种强制是康熙最乐于接受的，因为他从中看到了胤禛、允祉的一番孝心。

恰恰就是这一份孝心，使胤禛和允祉受到康熙的赏识。

康熙病好后，立即为胤禛和允祉加官晋爵，并当着满朝文武表扬了他们。

皇太子第一次被废时，大阿哥、八阿哥是诸派实力人物。在当时的情况下，胤禛根本无力与老大、老八抗衡。同时，假如老大、老八中任何一人被立为太子，对胤禛都是不利的。因为他们一旦被立为太子后，就再难被扳倒了。因此，胤禛暗中采取支持皇太子的立场。

支持皇太子有两方面的好处：一是康熙是在盛怒之下废除皇太子的。废除皇太子不久，康熙就有了反悔之意。胤禛摸透了康熙的心思，采取了支持皇太子的策略。这样，他就不露痕迹地获得了康熙的好感。另外，由于当时皇太子成了众矢之的，除胤禛之外，几乎所有皇子都对皇太子落井下石。而胤禛支持皇太子，让他有感激之心。

康熙将皇太子禁锢之后，开始起草《废太子告天书》，将写好的文章让皇太子看，皇太子看了后说："我的太子位是父皇给的，父皇要废，何必告天？"急于夺取储位的大阿哥当即就把皇太子的话回报了康熙，致使康熙大怒，并传口谕："做皇帝乃是受天之命，这种大事，岂有不告天之理，皇太子不孝，以后他的话不必上奏了。"

于是，允程将康熙谕旨传达给皇太子，皇太子担心被亲兄弟陷害，因此再三求告："父皇若说我别样不是，事事皆有，惟弑君一事，我实无此心，须代我奏明。"

众皇子对皇太子的求告多半无动于衷，惟独胤禛力排众议，极力坚持替皇太子回奏，而康熙听了回奏，非但没怪罪胤禛，反而认为他这样做是顾念父子手足亲情，因此对胤禛加深了一层好感。

其实，暗助皇太子，就有可能得罪其他兄弟，这样的傻事胤禛是不会做的。

这就是胤禛过人的心智，他既不像大阿哥、八阿哥那样公然地谋取储位，同时也不像三阿哥允祉那样釜底抽薪拆老大、老八的台，而是表现出自己的诚信和可靠，给人一种信任感。

在当时诸皇子争位互不相让的气氛中，胤禛的这种大度作风，顾念父子手足亲情，再次让康熙感觉到胤禛是深明大义、胆量过人、注重手足情的皇子，其诚信在很大程度上帮助胤禛得到其他皇子羡慕已久但不能得到的皇位。

现代教育点石成金

给孩子一个诚信的世界

诚信是一个人立足于社会和事业发展的基石。要使孩子在未来社会的竞争中立于不败之地，就必须让他们具备诚信的品质。那么，我们该如何培养孩子的诚信意识？

(1)营造诚信的家庭氛围

在孩子看电视、玩游戏、看图书时，有意识地引导孩子思考诚信的问题。如和孩子玩"拉拉勾"的游戏时，教育孩子说话要算数；给孩子讲《狼来了》等故事时，一同分析故事中人物的对错，用讲诚信的情节激励孩子。

(2)争做诚信的表率

父母要以身作则，以良好的言行为孩子树立榜样。对孩子许诺后不能言而无信，若未能及时兑现，应向孩子解释和道歉，待以后设法弥补。父母若经常言而无信，孩子会产生不信任感，并且被“同化”。

撒谎和欺骗是孩子最难医治的毛病之一。有一个小孩子几岁就有这种毛病。为了逃学，他会装肚子疼；差他买东西，找回来的钱骗说是路上丢了，其实是买零食吃了；老师通知开家长会，她怕老师“告状”，撒谎说爸妈全出差了。

其实，这毛病是跟大人学的。她的爸爸爱赌博，每次回家怕妈妈责怪，总是撒谎说干别的去了。女儿在他身边，耳濡目染，日久便沾染了这种撒谎与欺骗的毛病。

父母是孩子的第一任教师，也是第一污染源。孩子身上的优点或缺点，与父母亲有直接的关系。假如孩子的父母是讲诚信的人，孩子在身边绝不会成为一个爱撒谎、爱欺骗的人。

诚信，是中华民族的一种传统美德。这种美德的核心是真诚。诚则实，不会弄虚作假、吹牛奉承；诚则信，不会出尔反尔、撒谎骗人；诚则顺，为人真诚而办事则顺利。失去诚信，在交际上会失去朋友，在商业场上会失去顾客，做学问弄虚作假会一无所获。只有诚信，才是人生的通行证。

(3)及时肯定诚信的言行

家长要理解和尊重孩子。当孩子说谎时，应引导孩子承认和改正错误，并及时鼓励他：“我相信你以后不会说谎了。”这样孩子会更加懂得理解、信任别人，树立诚信观念。

英国作家萨克雷说过：播种行为，可以收获习惯；播种习惯，可以收获性格；播种性格，可以收获命运。对于我们做父母的来说，这种播种就是家庭教育。在我们的每一件大小事情上，每一个行为举止上，每一个脸色上，都让孩子去感受诚信，学习诚信，这是一种身教。身教当然重要，但千万不能忽视言教。首先得让孩子懂得什么是诚信，什么是欺诈虚伪，要旗帜鲜明地表扬诚信，批评欺诈虚伪。

对孩子诚信的表现要及时地肯定和鼓励。当孩子出现一些欺诈和虚伪的苗头时要抓紧批评教育，抓而不紧等于不抓，趁热打铁才能成功。只有这样，才能让孩子从小明辨是非、爱憎分明、树诚信而戒欺诈。这个抓紧是指生活中的一切机会，比如与孩子一起看电视，做父母的便可对电视中的人物品行加以赞扬和抨击……我们主张正面教育为主，但也要配合反面教育，让孩子在成长道路上有一种警惕性，懂得失去诚信就意味着犯罪。

(4)提高孩子的免疫能力

打造孩子的诚信品德还是一个社会工程。“近朱者赤，近墨者黑。”交什么样的朋友，对小孩子来说，是一件十分重要的事情。这事父母要管。另外，孩子接触社会，当然也会接触社会上的一些恶习，如人际关系中的背信弃义、惟利是图、尔虞我诈……因此，必须教育孩子正确认识和对待这些恶德败行，自觉抵制精神污染，提高孩子的免疫能力。

(5)通过故事进行教育

孩子还小，思想和品德都未定型，我们应该抓紧实施诚信教育，时时事事处处都不放过，有理有利，让他们从小获得一张人生的通行证——诚信。

记得有这样一个故事。中国古代有一个国王要选一个继承王位的人，他发给王国内每个孩子一粒花种，并承诺说谁能种出最美丽的花，就选谁当国王。

评选时间到了，绝大多数的孩子都端着漂亮的鲜花前来参选，只有一个叫杨平的男孩端着空无一物的花盆前来。最后，他被选中了。因为，孩子们得到的花种其实都已被蒸过，根本不可能发芽。

这次测试不是为了发现最好的花匠，而是要选出最诚实的孩子。

据说，美国波士顿大学教育学院设计的基础教材中，就选用了这个故事。教材建议老师在班上组织讨论，向学生介绍“最大程度的诚实是最好的处世之道”这句谚语，并且要求学生制作“诚信”标语，在教室里张贴。他们认为“教育学生成为一名诚实的公民比通过一门课程考试更加重要”。

事实上，明礼诚信的孩子有时会“吃眼前亏”，但最终的赢家却是他们，因为这样的孩子才能赢得别人的信任。

一家媒体曾经报道过这样一件事：

“金棕榈”酒店开业已几个月了，据说那位蔡老板用人很苛刻，有好几位年轻貌美的女服务员，只干了一个月就被老板炒了鱿鱼。

小梅是从安徽黄山出来的打工妹，她听说“金棕榈”招工，就鼓起勇气前来应聘。

老板对小梅作了一番目测口试后，便拍板录用了小梅，并说明给小梅的月薪是800元，另加夜班费。小梅喜出望外，脸颊红扑扑的就像初绽的夹竹桃花。

小梅是个手脚勤快的姑娘，挺珍惜这份工作。每天，她总是提前10分钟上班，下班也总是走在最后；她的脸颊上终日笑意盈盈，还能热情地向顾客介绍特色菜名，不少顾客常向老板夸赞小梅。老板听了也是得意地一笑。

一个月很快就要过去了。这一天，小梅收拾残席时，竟意外地发现桌腿旁躺着一张崭新的百元大钞。小梅的心一阵狂跳，忙往四周一看，似乎没有人注意自己，就躬下身捡起了钱。

然而，小梅的这种兴奋瞬间便消失了。她的脑海蓦地涌上一件往事：在8岁那年，小梅的家境很贫寒。父亲为了让小梅过年时能穿上一套新衣裳，就偷偷地去山外医院卖血。在山口，父亲意外地捡到一只钱包，里面有30元钱(当时的30元钱可是一笔可观的钱财呀)。按理，父亲可以不用再去卖血，可他却没这么做，硬是在山口苦苦地等了大半晌，终于等到了失主。事后，父亲多次对小梅说："娃子，不是自家出力挣的钱，拿了烫手。咱人穷，可绝不能志短呀！"

这句话一直像刀刻斧凿般留在小梅的心间。今天，尽管这百元大钞挺诱人，可自己能动心吗？小梅毅然把这钱交给了老板。

没想到，老板坦率地说出这是自己的一个"计谋"，那几位姑娘就是经不住这种诱惑而被辞退的。蔡老板颇有意味地说："君子爱财，但应当取之有道！"

一个月后，小梅被提升为"大堂经理"。

这个故事被选入上海市中小学生素质教育课外活动系列教材。

(6)品格不打折

"孩子的命运是父母创造的。"父母是用自己的言行，把"诚信"两个字刻在孩子心中的。而诚信是一种力量的源泉，显示着一个人的高度自重和内心的安全感与尊严感，它能帮助人在人生的十字路口把握好方向。

一个师范学院的副教授，在儿子很小的时候，她就告诉儿子做人做事的道理：人做不好，学问也做不好；做人比做学问更重要。上小学的儿子问："爸爸妈妈，你们谈恋爱的时候，是谁追谁呢？"她坦率地说："是妈妈追爸爸。"

儿子又问："那时爸爸的学习成绩一定特别好吧？"

"不是。"妈妈的回答让儿子一脸疑惑，"孩子，还有比学习成绩更重要的东西。"妈妈告诉儿子："大学三年，我几乎没跟你爸爸说过话。但读到大四的时候，有一件事让我震动了。那是一次重要的考试，由于临近毕业，大家忙于找工作，复习不充分，考试纪律不是很好。成绩公布后，大家的分数都很高，而平时学习成绩一向很好的爸爸，却只得了 60 分。你爸的同桌对我说你爸爸真傻，他不抄。就是这句话，让我爱上了你爸爸。他文化课成绩虽然只得了 60 分，但他诚实的品格，我给他打了 100 分。"她告诉孩子："品格胜于分数，品格不能打折"。

父母是孩子的镜子，孩子是父母的影子。小聪在小学结业考试的时候，成绩名列前茅。当他发现语文试卷多给了一分时，就向老师提出改正。结果，他的成绩不是第一了。妈妈问他后悔不后悔，他说："犹豫过，但妈妈你说过'品格胜于分数'。"

孩子的学习成绩只代表他们某个学习阶段的表现，只要他们有学习兴趣，肯用功就够了。但对他的习惯、为人处事、道德品质不能马虎。一个人的品格才是支撑他一生一世的关键。

父母们常说："不要让孩子输在起跑线上。"什么是人生的起跑线？明礼诚信、老老实实地做人，才是真正的人生的起跑线。

历史镜头

海纳百川，有容乃大

唐太宗李世民受过良好的教育，出身也高贵。他胸襟开阔，文武全才，知人善任，从谏如流，在当政期间创立了盖世绝伦的文治武功。

李世民少时爱好习武，经常和哥哥弟弟一起练习。有一次在和哥哥的比武中，哥哥李元吉眼看着就要支撑不住了，李世民便慢慢停止进攻，准备退到一边。这时李元吉趁李世民不注意，发动突然袭击，李世民猝不及防，一下就被李元吉摔倒在地上。按照他们定下的规矩，摔到地下就算输，没办法李世民只有乖乖地认输。但是心里很不服气，准备冲上前去和哥哥理论。这时李渊在旁边看，阻止了李世民的举动。

李渊说："孩子，你输了！"

李世民说："为什么？是他偷袭我！"

李渊说："虽然你哥哥在武艺上是输给你了，但是你去理论就是你输了，输在没有一颗宽容的心。《尚书》中有'有容，德乃大'；《周易》中有'君子以厚德载物'；荀子说：'君子贤而能容罢，知而能容愚，博而能容浅，粹而能容杂。'"

李世民问："您是说我不够宽容吗？这本来就是哥哥的错，我只是不服气而已！"

李渊说："天称其高者，以无不覆；地称其广者，以无不载；日月称其明者，以无不照；江海称其大者，以无不容。北宋的宰相吕蒙正初入朝堂时，有一朝士指着他说：'这小子也参政？'吕蒙正装着没听见。而与吕蒙正同列的人却几次让吕蒙正追问那个人是谁，吕蒙正不允，说：

'若知其姓名，怕以后不能忘记，所以还是不问的好。'常怀宽容之心，实际上也是做人的一种美德和力量。战国时赵国的蔺相如以国家利益为重，一忍再忍廉颇的寻衅羞辱，他以'先国家之急而后私仇'的大境界，终使廉颇幡然醒悟，从而给世人留下'将相和'的千古美谈。三国时，诸葛亮初出茅庐，刘备称之为'如鱼得水'，而关、张兄弟却未然。在曹兵突然来犯时，兄弟俩便对诸葛亮冷嘲热讽，诸葛亮胸怀全局，毫不在意，仍然重用他们。结果新野一战大获全胜，使关、张兄弟佩服得五体投地。如果诸葛亮当初跟他们一般见识，争论纠缠，势必造成将帅不和，人心分离，哪能有新野一战和以后更多的胜利呢？"

李世民说："您是要我有宽广的胸怀，对人对事多包容与接纳。有了这种气度、这种胸怀，就会气宇轩昂、大气磅礴，就会海纳百川、包容万物。有了这种品质、这种境界，就会变得豁达，变得成熟。"

在李渊的教育下，李世民饱读诗书，勤习武艺，人品得到极大的提高，终于从众兄弟中脱颖而出。

教育成果

宽以济猛，猛以济宽，政是以和

俗话说，宰相肚里能撑船。李世民其气量真可谓涵天盖地，因而他的命运也就如日中天，无人能及。逆龙鳞触龙须，真龙天子能不痛乎？恼怒之下，能不噬杀抗上者？然而，李世民能忍痛压怒，以让抗上者，他善于化痛为痒，转怒为乐。

玄武门事变后，秦王府将领中有些人主张乘胜杀尽李建成、李元吉的党羽，并"籍没其家"，许多人还四处搜寻宫府集团的成员和兵勇，争相捕杀邀功，使得宫府集团的人惶惶不能自安。性格大度的李世民决定采用明智的安抚政策，他一方面禁止秦府人员滥捕滥杀，另一方面以高祖的名义诏赫天下。对于不敢出面的一些宫府集团的成员，李世民几次遣使"谕之"，用一片诚意，解除了他们的顾虑。李世民又公开提出："这些人都是忠臣嘛。"并当众释放了他们。他的大度让宫府集团的人放下武器，自动向朝廷投诚，并开始转而效忠李世民。其中最杰出的人才魏征、韦挺等人，都成了枢要大臣。魏征几次劝太子及早除掉秦王李世民，玄武门之变，太子党人士纷纷逃亡，魏征却依然故我。

李世民当众问魏征："你为什么离间我们兄弟！"

在场的官员都为魏征提心吊胆，而魏征却从容不迫地回答："如果太子早听我的话，就不会有今天的祸患了。"

对魏征桀骜不驯的回答，李世民不但没有生气，反而赞扬了他的忠诚坦荡，对他更加器重，封为詹事主簿，后改任谏议大夫，步步升迁。原秦王府的旧属，对唐李世民这种以德报怨、化敌为友的做法并不理解，这就是博大与狭隘的区别。

有一次，李世民在九成宫宴请近臣，有的大臣提出："魏征等人以前是李建成的亲信，我们看到他们就像仇人，实在不愿意和他们共聚一堂。"

李世民说："魏征等人过去确实是我的仇人，但他们能为当时的主人尽力工作，这并没有什么不对，桀犬吠尧，各为其主，这是可以原谅的。我提拔重用他们，就是看中了他们的这种态度。况且他们已处于皮之不存，毛将焉附的地位，只要我能以诚待之，他们也一定会以诚相报的。”

由于李世民的宽宏大量，他启用的“仇人”为“贞观之治”无不尽心竭力。

人的性格往往在一点一滴的小事中体现出来，每一个君主都标榜自己能从善如流，但鼓励纳谏容易，能否真正听取谏议，却是需要不同凡响的气度。

这种气度不是人为伪饰可以得来的，一般来说，作为至高无上的皇帝，如果处在形势最危急的时候，为了自保，或许还能听进一些不同的建议，甚至是批评性的意见。但是危险一过去，或者遇到什么不顺心的事，谁要是提出不同的意见，那么多半被看成别有用心。如果龙颜大怒，提意见的人就要脑袋搬家，甚至诛灭九族。所谓伴君如伴虎，在进谏上便可见一斑。如果逆龙鳞的后果不是这么严重，以死进谏的诤臣也就不会千古流芳了。

李世民是一个文采卓然的人。一个中秋之夜，李世民大宴群臣，诗兴大发的他即席挥毫，赋得一首宫本诗。兴头上的李世民命大臣们奉和，最先被点到的是虞世南。虞世南当众毫不掩饰地说：“陛下的大作果然不同凡响，刻意求工，神采飞扬，但诗的内容却不高雅，为臣实在不敢奉和。俗话说‘上有所好，下必更甚’。臣担心此诗传出宫去，天下争相模仿，浮华之风席卷而来，那后果是不堪设想的。因此，臣不敢遵命。”

正在自鸣得意的李世民被虞世南当着无数大臣的面泼了一盆冷水，当时的难堪可想而知，可是他能及时反省自己。他知道虞世南的话很有道理，天下太平，不能不居安思危，盛宴歌舞将会挥霍民脂民膏，多少个朝代的败亡正是源于奢华。沉默片刻的李世民，不但没有生气，反而对虞世南进行了奖励。

有一次，李世民乘坐小轿出游，一个卫兵不小心，脚下滑了一跤，无意中一把拉住了李世民的龙袍，险些把李世民拉下轿来。卫兵吓得魂不附体，大惊失色。李世民却宽和地说："这里没有御史法官，不会问你的罪。"而且告诫身边的人不要把这件事传出去。触犯龙体在封建社会是大逆不道之事，按理是论死罪的，何况一个下贱的卫兵做出这等事来呢，此话感动得卫兵涕泪交流。对某些人的大度可能有着主观偏袒，对所有人一视同仁就体现了一个人内心深处的博大。

李世民博大的胸襟开创了贞观时君主虚心听谏、臣下鲠议直言的一代新风，这在封建社会历史上是难能可贵的。为了求谏，唐李世民即位后做了三件事：一是诏令宰相入阁商议军国大事时，必须让谏官列席，以使谏官们对军国大政充分发表意见；二是三令五申，要求中书省、门下省"坚守直道"；三是重赏敢于进谏的官吏。这三件事目的都是为了鼓励各级官吏大胆进谏，发表意见。

为了达到求谏的目的，他放下架子，每当见人奏事，他都拿出亲切和蔼的神情。君明于上，臣自直于下，在李世民"恐人不言，导以使谏"的鼓励下，朝廷上下，诤言直谏，蔚然成风。李世民对大多人的谏诤都能虚心接纳。李世民一方面迫切求谏，想把朝政治理好；一方面也想维护自己的尊严，两者不可避免地发生冲突和矛盾。

李世民时常处在这两种矛盾的交锋之中，同时也是他性格中的"大"与天性中的"小"的厮杀之中。早期的李世民总是能以他天空般辽阔的胸怀来接受臣下的批评，他深谙"得道者多助，失道者寡助，寡助之至亲戚叛之；多助之至，天下顺之"的道理。当大臣们的谏诤言辞激烈，有切肤之痛时，李世民也时有大怒，但是他的博大还是占了上风。他在实际中也体会到自己的尊严是臣下进谏的一个障碍，对臣下说："为君不易，为臣也难呀！"

他鼓励大臣从各个方面直言进谏，不要放过小事，他说："凡大事皆起于小事，小事不做，大事又将不可救，社稷之危，皆系于此。"

他时刻从小处着手，让自己的胸怀更加博大。

李世民博大的胸怀在民族政策上更具王者风度，表现了居高临下，宽和仁厚的包容力。唐朝是中国多民族国家形成的重要历史阶段，而这一历史进程的开端，就是在李世民时期奠定的。李世民以泱泱大国的气势征服了周边国家，保持了边境地区的安宁，制止了少数民族贵族对人民的骚扰，恢复了同西域各族人民以及同中亚、西亚地区国家人民交往的通道。更为可贵的是他能在战争结束以后，注意缓解民族间的矛盾，改善民族关系，促进了多民族国家的形成。

现代教育点石成金

宽容，比惩罚更有力量

首先，我们来看这样一个小小的故事：

每逢周末，假设，你把孩子送往游泳馆学游泳。最近的一个周末，你到上课地点准备接回孩子的时候，发现一位满脸歉意的工作人员，正努力安慰着你那已经哭成泪人儿的孩子。追问之下，你才知道，原来这位工作人员因一时疏忽，在游泳课结束后，将你的孩子锁在更衣室内，10 多分钟后才发现，令孩子饱受虚惊。你将如何处理工作人员的疏忽呢？以下有几种选择：

A. 痛骂那位工作人员一顿；

B. 直接向主管投诉；

C. 很生气地带孩子离开，再也不参加游泳训练班了；

D. 安慰孩子，并且要求他转为安慰满是歉意的工作人员。

故事的结局，是那位小孩经过母亲的安慰及劝告，停止了哭闹，并告诉已经深感抱歉的工作人员："没关系，我已经没事了！"

宽容，比惩罚更有力量。

有一位父亲说："我儿子有一次因好奇心发作，想'鉴定'一下瓷碗究竟会不会破碎，竟当着我的面拿了一只往地上摔。面对满地的碎片，他自知犯了'错误'，以为将会遭受我的训斥和惩罚。但我只是要他自己扫去碎片，让他记住瓷器易碎的常识。后来，儿子对易碎的玻璃窗、镜子、瓶子、眼镜等，自觉地学会保护和使用，再也没有摔碎过任何东西。我想，那一只被孩子故意摔碎的碗还是非常值得的。"

首先，孩子还涉世未深，难免会犯错，有时孩子犯错并非是有意的。孩子的犯错与成年人的犯错不同，孩子们大多不会明知故犯。也许，孩子出于好奇或无知，也许孩子不能像成年人一样控制自己的行为，这时父母需从心底里宽容孩子的过错，要给以正确的指导。其次，孩子在看待问题上，常常容易夸张或放大自己的问题，以为自己犯了错，老师或父母再也不会喜欢自己了，同学们也不会原谅自己了。如果成年人再不能给孩子宽容，他可能就会真的感到绝望。父母不光只是自己有宽容的品德，还应该培养孩子的宽容品德。如何教育孩子有宽容的心，是一种教育艺术。

豁达、乐观是一种积极处世的人生态度，也是一味医治挫折、失败之痛的良药。豁达的人，宰相肚里能撑船；乐观的人，永葆积极进取的生机，何惧挫折与失败？美国心理学家马斯洛说过，挫折未必是坏事，关键是对待挫折的态度。

(1)培养孩子乐观的态度和坚强的毅力

教育孩子乐观地对待每一次得失成败，以“胜败乃兵家常事”的豁达态度去对待生活中的暂时失败。只要有了乐观的态度，有了奋起直追的激情，就会增强战胜困难的信心。同时，我们还要帮助孩子有勇气去面对、去接受生活中的一切挫折、困难、失败和逆境，并通过努力去战胜它们。

(2)营造民主的氛围，注意指导，及时鼓励

创造一个和谐宽松的家庭环境，用自己的言行影响孩子。孩子如果生活在一个宽容友爱、温馨和谐的家庭环境中，会逐步潜移默化地形成一种持久的宽容忍让的善良品质。

在教给孩子生活自理常识的同时，还要教给他们做人的道理，引导他们明辨是非，认识生活的真谛。要善于发现孩子的优点，及时勉励，增强孩子的自尊心和自信心，提高他们完善自我的欲望。在孩子遭遇挫折时，要帮助他们找原因，给他们以支持和勇气，让他们有足够的理智和勇气感受挫折，战胜挫折。

一般来说，孩子们天真无邪，他们没有成年人那样的复杂心理障碍，所以，当孩子之间有了矛盾时，也就比成年人更容易自行解脱或缓和。但值得提醒的是，我们有些家长出于某种疏忽，常常有意无意地把自己不良的心理行为强加于孩子，给他们纯洁的心灵投上暗影。比如，有些家长爱在背后议论别人的坏话，被孩子听到后，还

嘱咐他们“别出去乱说”,久而久之,使孩子也沾染上了遇事耿耿于怀,斤斤计较,甚至轻薄虚伪的坏毛病。再比如,有的家长在与别人有了矛盾后(包括自己的爱人),为了平衡自己失重的心理,而把孩子无端地牵扯进去,并告诫他“不要理某某……”这种转嫁自己心理负担的做法,很不利于孩子的健康成长,以致使他们逐渐变得处处惟我独尊,事事小肚鸡肠。

(3)宽宏大量,是健康人格的必备素质

那么,如何才能让孩子学会宽容呢?除了家长要注意改正以上不良习惯处处做出表率外,平时,还应有意识地多在孩子面前夸赞别人的优点(包括与自己有矛盾的人),尤其是在孩子同别人发生摩擦时,更要积极引导孩子多想别人的长处,敦促他主动向对方道歉或和好。另外,家长对自己的孩子,也应表现出更多的理解,不要见到一点缺点、错误就揪住不放,甚至动不动还翻出陈年老账,指责他“从小就如何如何”等等,使孩子的自尊心受到伤害,甚至失去了改正缺点的信心与决心。

有容乃大。对今天的孩子而言,学会宽容,以宽广心胸、豁达心态笑对人生风风雨雨,比以往任何时候更显得重要。因为今天的社会,价值观、信念的多元化日趋明显,不同价值观之间的碰撞不可避免;利益的差异化、多元化甚至两极化也已是无法回避的事实,利益的冲突时时存在。在此大背景下,培养孩子的宽容精神,其实就是培养孩子多元化的思维角度、广阔的胸怀、兼容并蓄的求知精神、能屈能伸的处世方法、合作协调的人际关系,以及“我可以不同意你的观点,但我捍卫你发表观点的权利”的平等、民主精神。

毫无疑问,以上述理解来看“宽容”,世上有多少成年人可以做到？更别说孩子了。但这是一个目标，每一个做家长的，都应该、也可以为此去努力。

(4)应帮助孩子开阔视野，了解大千世界的多样性

所谓宽容，归根到底是对不同于自身甚至与自身观念、利益相冲突事物的宽容。要让孩子充分了解世界的丰富多样性、纷繁复杂性，了解除我们的生活状态外，还有多少种不同的活法。让孩子明白多元性、复杂性是世界的常态，帮助他接受、融入这世界，而不是固守自己的小天地，这就有了一个最基本的宽容的基础。

(5)要教育孩子树立平等待人、尊重的观念

人与人之间有差异，观念与观念之间有冲突，这本是常事。问题是不能惟我独尊、一切以“我”为标准，而要尊重不同的信念、价值观，尊重他人不同的思维和行为方式。这种尊重，是宽容的必然内涵。

(6)要教育孩子正确看待名利

孩子有上进心，也有虚荣心。要保护并充分用好孩子的上进心，促使其保持旺盛的学习热情，在积极参与班集体活动中不断提高综合素质。但是也要防止

孩子过分看重外在的荣誉。宽容与虚荣心是一对矛盾。虚荣心多了，必定心态不平衡，与人争不必要的虚名，时时争、处处拼，最后不一定是好事。家长如何教育孩子正确看待名誉、将来正确看待金钱，这确实是培养宽容心态的重要方面。

(7)要培养孩子的合作、协调能力

宽容之心是合作能力的必备条件。只有宽容、大度，才能包容别人不同的观念、行为，才能与他人更好地合作。但宽容不是无端地退让，不是怯懦地容忍，不是无原则地和稀泥。宽容是一种良好的心态，是一种处世的境界，是饱含自信的微笑，是面对他人的从容。

(8)设身处地为对方着想

父母不妨教孩子试一试，把自己设身处地放在对方的处境下，问一下自己，要是我在这样一个环境里，我会怎样想，我会怎样行动。

历史镜头

重责任者必自重，轻责任者必自轻

顺治帝福临，是清朝入关后的第一位皇帝。顺治即位后，由叔父多尔衮辅政。顺治是个任性的皇帝，他亲政后，孝庄仍时时告诫和规劝他，要他自己能做的事自己做，以此来培养他的责任感。

有一次，孝庄带年幼的顺治到外体察民情，在城市的大街小巷中，看到那些为了生计而苦苦奔波的贩夫走卒，还有拿着破碗沿街乞讨的人群，顺治于是便问孝庄："母后，这些人为什么穿成这样？为什么要沿街乞讨呢？"

孝庄说："这些人为生计逼迫，如果不这样的话，就会饿死街头，或许他们的家人还在焦急地等待着他们回家，这是他们担负的对家的责任呀！"

顺治看着孝庄说："这些人民真苦，我将来要让他们安居乐业，使大清繁荣昌盛起来，这也是我的责任！"

孝庄说："孩啊，古今中外，重责任者必自重，轻责任者必自轻。人格，人品之高卑，全在于如何对待自己之责任。"

孝庄接着说："人生于天地间各有责任，自放弃责任，则是自放弃其所以为人之真也。是故人也者，对于一家有一家之责任，对于一国而有一国之责任，对世界而有世界之责任。一家之人各放弃其责任，则家必落；一国之人各放弃其责任，则国必亡。

"富有责任感的人，会爱人民之所爱，忧国家之所忧，会先天下之所忧，而后天下之所乐。如屈原'不悲其身之死，而忧其国之衰'。富有责任感的人，无论穷达荣辱，穷则独善其身，达则兼济天下。"

顺治听了这一番话，若有所思地对孝庄说："母后，您说的话孩儿记下了，我肩上的担子很重呀！我会凡事多检讨自己，努力负起自己的责任，将来做一个有责任感的好皇帝！"

顺治七年，多尔衮出塞射猎，死于塞外。14岁的福临提前亲政。顺治帝天资聪颖，读书勤奋，他吸收先进的汉文化，审时度势，对成法祖制有所更张，且不顾满洲亲贵大臣的反对，倚重汉官。顺治与传教士关系非常密切，他称汤若望为"玛法"，是父辈，很尊敬的称呼。据汤若望记载，在两年的时间里，顺治帝去了汤若望家24次。汤若望在宫里医好了皇后的病，得到了皇太后的恩赐，可以出入宫禁，与清廷关系极好。顺治帝从他那里学习西方知识，打破传统的思想观念，在学习的过程中，他感觉到自己的落后，于是下定决心以天下兴亡为己任。对佛教的虔诚，更加激发了顺治救国救民的责任感。为了使新兴的统治基业长治久安，他以明之兴亡为鉴，警惕宦官朋党为祸，重视整饬吏治，注意与民休息，取之有节。

教育成果

高尚、伟大的代价就是责任

顺治在治理国家方面，能诚心听取下情，容许臣下犯颜直谏，即使提的意见非常尖锐，他也不以为忤。相反，臣下不提意见，他反而不高兴。如此大度的气节，不仅远远超过他的先辈，对其后代也产生着深刻影响。清朝诸帝大多勤政而有作为，能听得不同意见，很少如前代皇帝，一语不合，便把提意见甚至提建议的大臣打个皮开肉绽，直到要了人家脑袋。这里顺治皇帝的表率不能不说对他的后人有着重要的影响。更难得的是，当时的福临，只有十几岁，二十出头，在今天来看，还不过是个孩子，但那时的福临就能有这般见识，这般作为，实属难能可贵了。

顺治染上天花后，自知不起，召来他的亲信大臣礼部侍郎兼翰林院掌院学士王熙、学士麻勒吉撰拟遗诏，这份遗诏是顺治帝临终前最后一次自责自切，也是他自我批评精神的最后体现。

遗诏除最后交待了帝位的继承人和辅政大臣名单外，其余内容全部是顺治检讨自己执政以来所犯的罪过，累计达十几条之多，可说地地道道是一道“罪己诏”

了。

第一条，顺治检讨说，自己并无高厚的德行，却继承了祖宗大业，但却没有治理好国家，没有致福于百姓，这是自己的一条罪过。

第二条，说自己先母亲去世，不能孝养母亲，是自己的罪过。

第三条，再强调父亲去世时，自己因尚年幼，未尽孝仪，本应在母亲去世时给予弥补，但今不能承欢母后，反给母亲带来痛苦，是自己的罪过。

第四条说，对宗室诸王贝勒等满洲亲贵未能照应周全，是自己的罪过。

第五条说，在施政之中偏向任用汉族大臣，疏远了满洲官员，是自己的罪过。

第六条说，自己用人所持标准过高，没能很好地发现人才、使用人才，是自己的罪过。

第七条说，自己对不称职的官员未能及时撤换，是自己的罪过。

第八条说，自己在宫中花费过多，影响了官员的俸禄，是自己的罪过。

第九条说，自己在宫殿建造和器具使用上花钱太多，未能体谅百姓生活的艰辛，是自己的罪过。

第十条说，自己宠爱的董鄂妃去世时，自己不能控制自己的感情，丧葬之礼违反定制，过于铺张，是自己的罪过。

第十一条，说自己过分信用太监，致使其营私舞弊，是自己的罪过。

第十二条，说自己图清闲，很少上朝，致使与大臣们缺少联系，是自己的罪过。

第十三条，说自己自以为聪明，听不得不同意见，以致大臣们不肯进言，是自己的罪过。

第十四条，说自己知错而未能改错，以致过错越来越多，是自己的罪过。

作为一位青年人，顺治在处理军国大事，宫中事务上，每每有超凡之见、超常之举是很难得的，比起前明一些昏聩平庸的皇帝们，顺治应该算是很不错的一位皇帝了，尽管如此，顺治在遗诏之中仍在自责自艾，便有点儿我们今天所说的“高标准、严要求”了。

现代教育
点石成金

责任感使孩子出类拔萃

责任感是一种高尚的道德情感，是一个人对自己的言论、行为、承诺等，持认真负责、积极主动的态度而产生的情绪体验。例如，实现了承诺，完成了任务时感到满意，心安理得；由于客观原因未能达到要求，但尽了主观努力时，感到遗憾、问心无愧，未尽到责任时则感到惭愧、不安、内疚等等。

责任感一旦产生，就会成为一种稳定的个性心理品质，可以有效地提高学习积极性，自觉加强意志锻炼，促进个性的全面发展。

孩子的责任感是从对具体事物产生喜爱开始的，起初表现为对他所敬爱的人交给的任务有责任感，而对其他人交给的同样任务没有责任感；对他爱做的事有责任感，对他不爱做的事没有责任感；以后发展为能对自己说过的话、应该完成的任务负责，对同伴、集体负责；到青少年期便能形成更抽象、更概括的责任心，对事业负责，对国家负责，对人民负责。

家长可以从以下几方面培养孩子的责任感：

(1)要教育孩子自己的事情自己做

在家中应明确哪些事情是由爸爸、妈妈来做的,哪些事情可由爸爸、妈妈帮助孩子做,又有哪些事情则必须自己做,对应当自己做的事必须给孩子一个明确的要领和范围,在不同的年龄给他制定不同难度的目标范围,父母绝不要包办代替,不能总是替孩子承担责任。

(2)要教育孩子关心自己的亲人和家庭

家长应该要求孩子主动关心家里的老人、病人和比自己年幼的弟、妹,要做一些力所能及的家务劳动,让孩子在家庭生活的磨炼中形成责任感,进而上升为对家庭、对父母负责。

(3)在学习过程中培养孩子的责任感

要让孩子了解父母等亲人对他的期望与信任,把学习当成自己必须完成的任务。当孩子在学习过程中遇到困难思想动摇时,家长要鼓励孩子克服困难坚持下去;当孩子完成学习任务、成绩有了进步时,家长要及时肯定、鼓励,让孩子体验到完成任务时的满足与喜悦。

(4)在社会活动中培养孩子的责任感

家长可有意识地安排孩子帮助孤寡老人、残疾人做点事,带孩子参加居民区的卫生、绿化劳动,鼓励孩子在幼儿园、学校做好值日工作等等。在社会活动的实际锻炼中,使孩子逐渐感受到自我存在的社会价值,不断增强他们的社会责任感。

(5)对自己行为的后果负责

要善于抓住生活中的点滴小事，无论事情的结果好坏，只要是孩子独立行为的结果，就要鼓励孩子敢做敢当，不要逃避责任，应该勇于承担后果。家长不应替他承担一切，以免淡漠孩子的责任感。

每一个人格健全的孩子，责任感是十分强烈的。一个没有责任感的孩子什么事情也难以干成，任何事情也做不好。培养孩子的责任感要从点点滴滴的小事抓起，使他们逐渐做到对个人负责，对班级负责，对家庭负责，最终培养起对国家、对民族的强烈责任心，将来成为建设祖国的有用人才。

第二章

学无止境，一览众山小的感觉真好

任何成功的得来都不是一朝一夕的结果。一个人、一个群体、一个民族、一个国家要得到成长与发展，就必须不断了解，不断学习。不懂、不会，就要了解，就要学习，学习就是为了更好地适应新的发展。荀子曰:“学不可以已。”说的就是这个道理。

历史镜头

非才无以为贵,非学无以广才

经过艰苦卓绝的努力,康熙时的大清帝国,成为当时世界上幅员最辽阔、人口最多、经济最富庶、文化最繁荣、国力最强盛的大帝国。那时清朝的疆域,东起大海,西至葱岭,南达曾母暗沙,北跨外兴安岭,西北到巴尔喀什湖,东北到库页岛,总面积约1300万平方公里。康熙大帝奠定了清朝兴盛的根基, 开创出康熙盛世的大局面。康熙皇帝是中国自秦皇汉武以来少有的好皇帝,是一位英明的君主、伟大的政治家。

康熙为什么会取得上述的巨大成功?

过人的功业,因有过人的思想;而过人的思想,因有过人的学习。"学习"二字,是解开康熙一生开创大业秘密的一把钥匙。康熙的老师高士奇、伍次友在对康熙的教育中,采取灵活的方式,终于培养出了一代帝王。

诱发孩子学习动机。康熙8岁丧父,10岁又丧母,很是可怜。母亲重病时,小玄烨"朝夕虔侍,亲尝汤药,目不交睫,衣不解带"。母亲病故后,小玄烨又昼夜守灵,水米不进,哀哭不停。一个年龄才9周岁的孩子,两年之间,父母双亡,形影相吊,应当说是人生幼年的最大不幸。他后来回忆说,幼年在"父母膝下,未得一日承欢"。人常是这样:生于忧患,死于安乐。忧患既使人痛苦,忧患也激人奋进。幼年的忧患,激励了康熙奋发学习、自立自强的精神。

良好的学习氛围。康熙身上有着三种血统、三种文化和三种品格。他的父亲是满洲人,祖母是蒙古人,母亲是汉族人。他深受祖母的教诲,又向苏麻喇姑(苏墨尔,孝庄随嫁贴身侍女)学习蒙古语,向满洲师傅学习骑射,跟汉族师傅接受儒家教育。康熙的勇武与奋进,受到了满洲文化的影响;高远与大度,得益于蒙古文化的熏陶;仁爱与韬略,来自汉族儒学的营养;后来,他的开放与求新,则是受了耶稣会士西方文化的熏染。康熙帝吸收了中华多民族的、西方多国家的悠久而又先进、博大而又深厚的文化营养,具有当时最高的文化素质。这为他展现帝王才气,实现宏图大业,奠定了基础。

保护孩子强烈的好奇心和求知欲。康熙是中国历史上少有的嗜书好学的帝王。他5岁入书房读书,昼夜苦读,不论寒暑,甚至废寝忘食。又喜好书法,“每日写千余字,从无间断”。他经常说:人孰为重?身为重。身孰为大?学为大。他读“四书”——《大学》、《中庸》、《论语》、《孟子》,“必使字字成诵,从来不肯自欺”。后来他要求皇子读书,读满百遍,还要背诵,这是他早年读书经验的传承。

康熙继位后,学习更加勤奋,甚至过劳咯血。他读书不是为消遣,而是为“体会古帝王孜孜求治之意”,以治国平天下。他在出巡途中,深夜乘舟,或居行宫,谈《周易》,看《尚书》,读《左传》,诵《诗经》,赋诗著文,习以为常。直到花甲之年,仍手不释卷。

学习想要学的,让兴趣牵引孩子前进。康熙皇帝对医学很有兴趣,也很有研究。他说自己“年力盛时,能挽十五力弓,发十三把箭”,可见他体格强健、长于弓马。他也得过几场大病,使他很早留心医药学。

康熙帝命耶稣会士巴多明将西洋《人体解剖学》书籍翻译成满文、汉文。他曾命人对一只冬眠的熊进行解剖,并亲自参加。

康熙喜爱研习自然科学。他学习和研究自然科学的

一个动因，是曾经因为不懂自然科学而在处理政事时遇到困难。钦天监杨光先状告汤若望，朝廷会议展开了一场关于天算历法的大争论。当时，康熙命各位大臣在午门前观测日影，但在九卿中没有一个懂得天文历法的，康熙自己也不懂。他想：自己不懂，怎么能判断是非呢？因此他发愤学习。

提供一个充满奥秘的环境。康熙二十七年十一月二十八日，白晋、张诚等6位法国科学家在乾清宫受到康熙帝的召见，他们献上了从法国带来的30件科技仪器和书籍做见面礼。这些非同寻常的礼品，令康熙“天颜喜悦”，当即决定让他们入宫，担任自己的科学顾问。从此开始了外国科学家在清朝宫廷从事科学活动长达数十年的局面。

白晋等人入宫后，与康熙相处很融洽，工作也很顺利。他们对康熙热衷科学的态度给予了高度评价，曾把他们的见闻写在给路易十四的报告中。1698年巴黎出版的白晋著《中国皇帝康熙传》中记述有：康熙带着极大的兴趣学习西方科学，每天都要花几个小时同我们在一起，白天和晚上还要用更多的时间自学。他不喜欢娇生惯养和游手好闲，常常是起早贪黑。尽管我们谨慎地早早就来到宫中，但他还是经常在我们到达之前就准备好了，他急于向我们请教一些他已经做过的一些习题，或者是向我们提出一些新的问题……

有时他亲自用几何方法测量距离，山的高度和池塘的宽度。他自己定位，调整各种仪器，精确地计算。然后他再让别人测量距离。当他看到他计算的结果和别人测量的数据相符合，他就十分高兴。

在法国巴黎凡尔赛宫,2003 年曾举办了“康熙大帝展”,展出故宫珍藏的康熙年间西洋科学仪器,至今仍运转自如,光彩耀人。这些展品主要有:(1)手摇计算机。世界上第一台手摇计算机是法国科学家巴斯如于 1642 年制造的,通过里面的齿轮进位进行计算。故宫博物院收藏 10 台手摇计算机,都是康熙年间制作,能进行加减乘除运算。(2)铜镀金比例规。原是伽利略发明的计算工具,可以进行乘、除、开平方等各种计算。康熙的比例规增加平分、正弦等不同的计算。(3)康熙角尺。尺上镌刻有“康熙御制”四个字。(4)平面和立体几何模型,全部由楠木精制,是清宫造办处为康熙学习几何学所制作的教具。(5)绘图仪。质地有银、木、漆、鲨鱼皮等,每套 6 至 20 余件不等。盒内装有比例规、半圆仪、分厘尺、假数尺、两脚规、鸭嘴笔等。为适用野外作业,有的还配有刀子、剪子、铅笔、火镰、放大镜、黑板、画棒等。这类仪器是康熙时期清宫造办处仿照西洋绘图仪器制作的,用于野外绘图。(6)御制简平地平合壁仪:它是集简平仪、地平仪、罗盘、象限仪、矩度为一仪的多功能测量仪器,携带方便,具有适合野外作业的特点。它共分六层,由清宫内务府造办处制造。

康熙皇帝是极有本领的一代帝王,当群臣称赞他无所不能,是“由天授,非人力可及”时,他立即予以批驳:“如虽古圣人,岂有生来即无所不能者,凡事俱由学习而成。”“凡事未有学而不能者。朕亦不过由学而能,岂生而能者乎!”从未有什么生来就能力高强的人,人的一切才能都是学习的结果。

康熙还说,只要勤学苦练,人人可成圣贤:“古所谓圣贤,皆与人无异,故学一发千钧则可至于一发千钧,学舜则可至于舜。”人的本领差异,都是学习差异造成的。强调人的才能无论多高,都是学习的结果。

白晋、张诚之后，又陆续有不少西方科学家来到清宫。他们最大的成绩，莫过于促使康熙创建了被他们称为“中国科学院”的蒙养斋算学馆，他们促使康熙实施了中国地理大测绘这一伟大创举。

康熙皇帝是一位学习型的皇帝，是“二十五史”中惟一了解西方文明、尊重科学精神的皇帝。

教育成果

宝剑锋从磨砺出，梅花香自苦寒来

康熙是中国历史上在位时间最长，而又功绩卓著的著名皇帝。顺治十八年，年仅8岁的康熙即位，由索尼、苏克萨哈、遏必隆、鳌拜四位辅政大臣代理国政。当时，鳌拜等人专权擅政，为非作歹，吴三桂、尚之信、耿精忠三个藩王也形成割据势力。康熙六年亲政后，在祖母孝庄文皇后的帮助下，智擒鳌拜，剪除其党羽，夺回权力。继而宣布“永停圈地”，下令削藩，并着手肃正朝纲，恢复内阁制度。很快扭转政局，展现中兴之势。

康熙二十年，平定“三藩”叛乱，统一西南各省。二十二年收复台湾。二十四年出兵驱逐盘踞黑龙江流域雅克萨城的沙俄侵略军。二十八年与俄国订立《中俄尼布楚条约》，确定中俄东段边界，巩固了我国东北边防，捍卫了祖国领土和主权完整。二十九年、三十五年、三十六年，三次亲征，平定占据新疆并不断内犯的准噶尔部首领噶尔丹的叛乱，统一漠北地区。五十九年进军西藏，为加强中华各民族的团结和国家统一，做出了重大贡献。

在统一全国的同时，康熙采取了奖励垦荒、轻徭薄赋、兴修水利、利商便民等恢复和发展社会经济的政策，医治战争创伤，增加收入，巩固政权。他曾6次南巡，察阅河务、调查民生，观览风俗民情。开创了中国历史上为数不多的"升平盛世"。

康熙不仅是一位杰出的政治家、军事家，而且自幼勤奋好学，博览群书。从中国的四书五经、词章、历算等传统文化，到西方的天文、地理、医学、几何等自然科学，均有一定造诣。他十分重视人才和学术研究，开博学鸿词科、明史馆，纂修《明史》，编纂《古今图书集成》、《全唐诗》、《佩文韵府》、《康熙字典》、《历象考成》、《皇舆全览图》等。为保存、继承和发展民族科学文化做出了重要贡献。

他一生殚精竭虑、励精图治，于守成之中创业，使天下安泰、四海承平，为我国多民族国家的形成、巩固和发展建立了丰功伟业，不愧为我国封建帝王中的佼佼者。

现代教育点石成金

让学习成为孩子的一种自觉行为

玲玲妈很重视孩子的教育，学前就让玲玲学电子琴，学画画，上识字班。上学后又给孩子报了奥数班，剑桥英语，小记者班等。

玲玲几乎没有玩的时间。玲玲想去看新开的海洋馆，可星期天全给特长学习占了；玲玲想养蚕，可玲玲妈说那是浪费时间；玲玲看到爷爷浇花，一边帮忙，一边缠着爷爷问这问那，玲玲妈说，别吵爷爷，赶快去练琴。还有一年玲玲就要考中学了，可玲玲对学习却越来越没有兴趣。

星期天下午，玲玲妈要出去办事，临走前交待玲玲好好练琴，可玲玲妈回到家时，却发现玲玲在看动画片。

“你为什么不练琴？”玲玲妈责问道。

“我不想练！天天就逼着我学这学那的，没有一点玩的时间。我讨厌学习！”一向听话的玲玲居然说出了这样的话，这可把玲玲妈给气坏了，她一巴掌打了过去：“你做错了还有理？”

玲玲妈实在是想不通，自己那么辛苦地教育孩子，为什么到头来孩子却讨厌学习？是自己做错了吗？是的，玲玲妈错就错在要孩子学习，而不是让孩子自己喜欢学习。

养蚕、种花、参观海洋馆都能很好地满足孩子的好奇心，激发孩子的求知欲望，从而引起孩子对学习的兴趣，可这些却被玲玲妈无情地给剥夺了。她一厢情愿地让孩子参加各种特长培训班和课外辅导班，超前的学习，过重的负担，让孩子失去了童年的欢乐，使孩子渐渐地产生了厌学的情绪。

兴趣是最好的老师，这是爱因斯坦的名言。这句名言来自于他的切身体会。谁都知道他是一位天才，但据说他在中学读书时却很笨，有许多课程不及格，但他的母亲并不是逼着他去做大量的习题，而是积极地引导他的兴趣，这从《世界图书百科全书》的介绍可以得知。书中写道：“她（爱因斯坦的母亲）的看法，在那个时代是与众不同的，那就是学习可以成为一个乐趣。她把教他变成一种游戏——她称之为探索令人兴奋的知识世界。男孩（爱因斯坦）一开始很惊讶，然后非常高兴。不久，他开始学得如此之快，以至于他母亲无法再教他了。”那么怎样才能培养孩子的学习兴趣呢？

（1）从保护孩子的好奇心开始

孩子的好奇心与生俱来，他主要表现在好问、好动方面。可一些家长却不知道珍惜，对孩子的提问没有耐心回答，有些家长甚至把孩子在好奇心的驱动下的一些行为视作是破坏性行为，从而在不经意间伤害了孩子的好奇心。

著名教育家陶行知先生曾碰到这样一件事。一位母亲对他抱怨说，她的儿子非常淘气，把好好的一块贵重金表给拆坏了，她把儿子打了一顿。陶行先生当即说："可惜呀，中国的爱迪生让你给'枪毙'了。"这个事例说明了在当前的家庭教育中，有的父母是怎样无意识地扼杀了孩子可贵的好奇心。

那么如何保护孩子的好奇心呢？家长面对在孩子的好奇心驱使下的好问与好动应该耐心、虚心，还要有一颗童心、诚心和慧心。而做到这些的前提是大人必须有一颗爱心——热爱孩子的好奇心。

①耐心：对于孩子来说，周围的世界是那样神秘、新鲜和美妙，他们的心中充满了好奇和求知的渴望，他们总爱问"这是什么？""那是什么？"对此，家长千万不要不耐烦，要尊重孩子的这种好奇心，给予正确的引导和鼓励，耐心解释答复孩子的提问。切忌说一些"你怎么这么烦呢！""你没看我正忙着吗，一边玩去！"等伤害孩子自尊心的话语。

②虚心：家长不是百科全书，孩子的提问五花八门，如果不懂，可以明确告诉孩子，然后带孩子一起去找答案。告诉孩子知识的探索是无止境的，一个人必须不断地学习。而且自然界还有许多不为人知的奥秘，有待人们去探索。这样可使孩子对将来的学习产生一种向往。

③童心：孩子提的问题难免幼稚，这时，千万不要讥讽孩子。大人要从孩子的角度去看问题，进行换位思考，这样就容易理解孩子提的问题，从而达到尊重孩子好奇心的目的。要根据孩子的理解水平用儿童化的语言回答

孩子的提问，给孩子以满意的回答。同时要考虑孩子的情感需求。

④诚心：要诚心诚意地鼓励孩子提问。如用语言表达对问题的兴趣，认真倾听孩子的提问，这都是对孩子好奇心的最好支持。这样，孩子就会觉得他的提问受到了大人的重视，其求知的兴致将越发高涨。注意别敷衍孩子，特别不宜用一些荒诞的、不科学的内容灌输给孩子，以免使孩子形成对事物的错误认识。

⑤慧心：不能轻率地将孩子的某些违规行为定性为“破坏”，要善于发现他们违规行为中的闪光点，看到他们“破坏”行动后面的创造成分，了解他们真实的需求和动机。在肯定和鼓励孩子探索行为的基础上讲清道理，给他们提供问题的答案，满足他们的好奇心。尽可能地提供一些廉价、安全的玩具，或提供一些坏了的钟表之类的东西，让孩子尽情地探究和摆弄。

(2)诱发孩子的求知欲

仅仅保护孩子的好奇心还不够，我们还要有意识地诱发孩子的求知欲。求知欲一般由好奇心发展而来，是人们积极探求新知识的一种欲望。当一个人把求知当作自己的欲望时，他就会主动地通过各种方式获取知识、积极地思考问题、并通过做实验来验证他所学的知识，他学习时的注意力也会特别集中，也就是说，他对学习就产生了兴趣。那么，我们又该如何来诱发孩子的求知欲呢？

①抓住孩子的求异心理，鼓励想象。孩子天真无邪，想象力丰富。大人要利用孩子的这个特点，结合情景有意识地诱导孩子去想象。如让孩子想象假如自己到了月球上，会怎么样？假如自己在森林里迷路了，又该怎样生

存等等。对于孩子大胆地凭借科学的原理，进行丰富的联想，要给予肯定。孩子进而会想知道自己所想象的事能不能实现，这样就会使孩子产生出强烈的求知欲望，积极地探索未知世界。

②结合生活中的情景，巧设疑问。这疑难问题引人深思，耐人寻味，对启发孩子的思维很有作用。这样可以给孩子心理上造成一种悬念，激发孩子的求知欲望。如设问要注意方式，好的设问可点拨孩子的思维，将孩子的思路引向正确的方向。如让孩子看黄瓜经盐渍后，体积缩小并出水的现象，启发孩子的对盐的作用和黄瓜性质的思考。

③给孩子提供一个充满奥秘的环境，以激发孩子的求知欲。在家里给他孩子提供大量的感性材料，如望远镜、放大镜、地球仪、磁铁、风车等，并演示给孩子看，使孩子对此类物质产生好奇心，大人再用语言给予点拨，进而诱发孩子的求知欲望。

④带孩子到大自然去，让大自然给予孩子智慧的启迪。大自然的山山水水、日月星辰、风驰电闪、鸟语花香是丰富多彩，变幻多端的，充满了奥秘。孩子在大自然的熏陶下，思路开阔，会产生无尽的遐想，引发求知的欲望。如月食现象、日食现象可让孩子对天体的运行情况产生遐想。

⑤启发孩子思考，鼓励孩子自己尝试。当孩子渐渐长大有了一定的知识积累后，对于他的一些问题成人不必急着将答案告诉他，可以启发引导他们自己去观察思考，去探索、去寻找问题的答案。这样可以让孩子感受到探索的乐趣、品尝到自己找到答案的成就感，从而产生更加旺盛的求知欲望。如让孩子观察冬天玻璃窗上一层雾气的现象，让孩子思考出现的原理，并引导孩子自己到有关的书籍中去寻求答案。

⑥创造条件让孩子做些实验。做实验不仅可以锻炼孩子的动手能力，还可以满足孩子的探究心理。在做实验的过程中,孩子可以验证所学到的知识,品尝到学习知识的乐趣,并在实验的过程中发现新的问题,从而又引发新的求知欲望。如让孩子观看天上彩虹，让孩子了解光的散射,并引导孩子做人造彩虹,以验证这个知识。

(3)使孩子爱学习的四种有效措施

①让孩子学习他自己想要学的。对待孩子学习的内容,切忌功利心太强,而应首先照顾到孩子自身的选择。大千世界,学无止境,最好的学习内容是孩子想了解、想掌握的。要及时满足他的这种求知欲,学所想学。

②给学习活动以良好情绪体验。用惩罚去推动学习,用命令去逼迫学习,会让孩子一想到学习就会厌恶,产生不良情绪体验。要使孩子感到学习过程是个愉快的经历,形成牢固联系,令人难以忘怀。要让孩子在情绪好的时候开始学习活动,并在学习过程中进一步享受到学习的乐趣,并对学习结果获得积极性的评价。

③积极引导，适时点拨。要设法引起孩子对所学内容的兴趣,常常需家长事先精心设计,因势利导,引起孩子对学习对象的注意。家长要注意适时介入，与幼儿共同参与学习,在孩子遇到困难时辅以必要的帮助和亲切的鼓励，在孩子遭受失败时给予由衷的同情和关心。要增加学习的趣味性和竞争性,以激励孩子去克服学习中的困难。这些适时点拨在学习初期尤其重要。

④明确幼儿学习的目的，在于心理素质培养。幼儿期的学习不同于学校的课程学习。家长之所以鼓励孩子学习,不在于能多背上几首唐诗,多识上几个字,多学会一首乐曲,而在于培养孩子对学习的兴趣,激发求知欲,

在学习中发现自己的能力,培养自信,学会学习。对一次学习活动中知识获得的多少,家长不必介意和刻意追求。要让孩子的心理素质在一次次学习经历中得到培养,促使孩子对学习活动发生浓厚兴趣。

历史镜头

勤能补拙是良训,一分辛劳一分才

康熙对子孙的教育,在中国历代帝王里是非常特殊的。康熙一共有 35 个儿子,20 个女儿,他孙子辈有人统计是 97 个,这是个很大的家族。那康熙怎么教育他的子孙?康熙对子孙的教育当然是望子成龙,他教育的方式很多,言传身教,让他的子孙跟他行围打猎,跟他巡视,甚至作战的时候,也带着他们,就是在实践当中来进行培养教育。但是,有一个很重要的方法,就是学校教育。

给孩子提供良好的学习环境和氛围。皇子皇孙读书的地方叫"上书房",康熙安排上书房在畅春园无逸斋,就是避免他的子孙贪玩,要无逸,不要闲着,不要贪玩,不要贪图享乐。

《康熙起居注》和其他的一些书记载了皇子皇孙上学的具体情况,我想举一天做一个例子,看看皇子皇孙们是怎么学习的。

培养孩子学习的毅力。这天的寅时,就是早上三点到五点,寅正是早上四点,皇子们就要到无逸斋,开始复习头一天的功课,要有一个时辰两个小时的时间。皇太子在这个时候才 13 岁,早上三点钟就要到无逸斋书房,他起床时间当然得更早,这是寅时。卯时,就是五点到七点，老师来到课堂，满文的师傅达哈塔，汉文的师傅汤斌等到了上书房，到了之后先给皇太子实行跪拜的礼节，然后就检查皇子们功课，让皇子背书，皇子朗朗背诵，一字不错。然后汉文师傅再给他划下面一段，接着背下面一段。底下就是辰时，就是早上七点到九点，这个时候学生上课已经过了四个小时了，康熙下了朝就来到了无逸斋，皇子们到斋外面台阶下面迎接康熙来，康熙来了之后落座，就说要背书，就让他的儿子背书，康熙拿出书来随便点一段，皇子就背，背完了以后，果然一字不错，康熙说，我小时候书要朗诵 120 遍，之后还要背诵 120 遍，完全熟练了，然后再换下一段，这样一段一段地学，这时候有了大臣说，说是 100 遍是不是就可以了？康熙说必须背足 120 遍，然后就问其他那几个师傅，说刚才背的怎么样？有的老师就说了，说是太子很聪明，背得很好，康熙说，你们不能表扬他，要多批评他，免得他骄傲。检查完了之后，康熙就处理政事去了。巳时，九点到十一点，这个时候，已经是数伏了，很热，皇子读书的时候，是不许拿扇子的，不许摇扇子，正襟危坐，这时候写字，每一个字要写一百遍，来练习书法。

培养孩子广泛的兴趣，让孩子朝着自己的兴趣方面发展。无逸斋的外面是一个院，那儿有靶，射箭，一个是休息一下，一个是体育活动，一个是练习骑射，练习武艺。申时，就是十五点到十七点，康熙又到了无逸斋再次检查功课，还让这些皇子们背，他几个皇子排着队一个一个背。底下是酉时，十七点到十九点，这节课是在无逸斋外面练习射箭，康熙先让诸子们一个一个射，之后让那几位师傅一个一个射箭，最后康熙自己射箭，史书记载叫做“连发连中”，功课完了之后放学。从早上三点到下午七点，请注意，不是一天，是天天如此，叫做“无间寒暑”。

教育成果

不经历风雨，怎能见彩虹

康熙皇帝教育子孙是极为严格的，在他教育之下，康熙的儿孙有几种类型：

第一种是政治型，譬如雍正做了皇帝，乾隆做了皇帝，应当说康熙的教育是成功的，儿子雍正是一个很杰出的皇帝，孙子乾隆也是一位很杰出的皇帝。

第二种类型就是学者型，他的皇子皇孙不能都做皇帝，做皇帝的只有一个人，皇三子允祉是很杰出的一个科学家，他主持编修《古今图书集成》一万卷。

第三种类型就是艺术型，写字绘画，有的皇子字写得很好，画也画得很好。

第四种类型是生活型，他们的母亲在妃子里面地位比较低下一点，他们也不可能竞争皇位，但是，他们有一个平平安安的生活，所以康熙皇子皇孙当中没有一个纨绔子弟，没有一个为非作歹者。

现代教育点石成金

让兴趣牵引孩子前进

(1)兴趣是最好的老师

“兴趣是最好的老师”，要想让孩子认真学习，首先要解决的是兴趣问题。所以家长和老师一样，必须首先培养孩子的学习兴趣，使孩子认识到学习兴趣的重要性。由于家庭的种种特点，使得培养孩子学习兴趣的方法比教师更为灵活。家长应善于利用各种时机，对孩子进行教育，使孩子认识学习兴趣的重要性。要培养孩子的学习兴趣，首先必须明确兴趣是怎样产生的。兴趣不是天生的，它是在一定的社会生活和教育影响下发生、发展起来的。学习兴趣产生于学习需要，随着知识的积累,探索性思维的发展,孩子们渴望越来越深刻地认识事物,乐意完成复杂的作业,追求学习的兴趣以至不在乎分数的高低和表扬。他们的兴趣将随着社会的进步和科学的发展不断产生新的需要，而逐步形成和发展起来。例如:帮助孩子明确学习目的;激发孩子的好奇心;积极发展孩子的广泛兴趣;培养孩子的学习毅力以及注意发现和引导儿童的偶然性兴趣。帮助孩子明确学习目的,不断提高学习的自觉性和主动性。无数事实说明,一个人如果热爱学习,自觉性高,终生求学不倦,那么他的一生将是与世争辉，大有作为的。从小养成爱学习的好习惯,将会给人的一生打下良好的基础,它使人生更加充实,更加富有。做家长的,应该重视培养孩子的责任感和义务感，帮助他们从小树立伟大的理想和抱负，而不应把孩子作为私有财产,给他们灌输各种错误的学习动机,这不是爱孩子而是害孩子。应该看到,目标的正确与否直接影响到学习兴趣是否持久。

(2)激发孩子的好奇心

要激发孩子的好奇心,使他们喜欢学习,热爱学习。儿童的学习兴趣往往是和好奇心联系在一起的。好奇心是儿童的天性，是孩子求知的一种反映，也是儿童智慧的火花。他们有探索现实生活中各种未知事物的强烈愿望,对周围一切都感到陌生、新鲜、好奇。正是出于各种好奇心,有时难免要闯祸,如把闹钟拆开,以弄清闹钟为什么会打铃。平时孩子往往爱问“为什么”,有的家长由于不了解他们这种好奇、好问的特点，把这些正常现象看成是捣乱、淘气，因而对孩子提出的问题往往采取冷淡、漫不经心和支吾搪塞的态度,或者不予理会。这种做法，会有损孩子智慧幼芽的生长，挫伤他们求知的积极性。要知道,儿童的智力正是在“好奇—满足—好奇”中得到发展的。对于求知欲旺盛的孩子来说，最大的快乐莫过于知道了从来不知道的奥秘。揭开奥秘后所体验到的愉快和满足的情感，反过来又激起新的探索兴趣。作为家长,不仅要尊重、保护和正确引导孩子的好奇心,而且应努力激发他们的好奇心，使幼稚的好奇心发展为强烈的求知欲。对孩子提出的问题,要确切、通俗易懂、有条理地给以答复,如果暂时答复不了,可以告诉他:“这个问题等弄明白以后，再告诉你。”切记事后一定要兑现。与此同时，更要鼓励孩子自己去了解丰富多彩的自然界和纷繁复杂的社会，让他们大胆提出问题，并引导他们通过自己读书、观察、思考,寻找正确的答案。

(3)要积极发展孩子的广泛兴趣

根据孩子好动、兴趣不稳定的特点,应发展他们正当的兴趣爱好，并注意把他们的兴趣引向对知识和科学真理的追求上。

由于孩子生理发育不够成熟，兴奋和抑制发展不平衡,表现出幼稚、好动、注意力容易转移,加上缺乏生活经验，对学习的社会意义理解不深，所以他们的兴趣带有显著的偶然性、多样性和不稳定性。低年级儿童的兴趣往往是不分化的，他们似乎对什么都感兴趣，大到日月星辰,小到蜘蛛蚂蚁甲虫,都要问一个为什么。随着智力的发展,知识经验的积累,孩子的兴趣逐渐分化,最后往往表现出对某一方面的特殊兴趣，以至终身不变。事实证明,如果儿童小时候兴趣广泛,那么它的求知范围就大,各方面的知识经验就多,智力发展的前景就越广阔。所以应该培养孩子们多方面的兴趣爱好。在引导孩子切实学好课内知识的同时,应法培养他们广泛的兴趣爱好,培养他们多方面的能力。比如,培养孩子课外阅读的兴趣，一般来说，小学生的课外阅读的兴趣有一个萌发、高涨的发展过程。小学二三年级学生对阅读的兴趣开始萌发,这时他们已掌握了两千多个汉字,为读懂一些浅易读物提供了条件。他们不仅喜欢看童话故事,而且喜欢看紧张惊险、有趣好笑的连环画,到四五年级,儿童特别喜欢阅读文学书籍、科学童话以及生动的历史故事。家长要针对这些特点，帮助他们妥善安排做作业和看课外书的时间,选好书籍,并指导阅读,以逐步提高读书兴趣。要创造条件让孩子们多看、多听、多接触大自然和社会，扩大生活范围，增长见识；要引导孩子阅读童话、科学幻想小说、科学故事，以激发他们对科学的兴趣;还应鼓励孩子学会唱歌、跳舞、国画;参观各种艺术展览,学会美化、布置自己的住房;鼓励孩子自制玩具、做贺年片以及各种科技制品等等。

对孩子兴趣的引导还应包括防止偏科。如果发现孩子喜欢吟诗作画,对文学艺术感兴趣,就应该培养他们对数学的兴趣,以锻炼他们的抽象逻辑思维能力。

(4)培养孩子的学习毅力

培养孩子的学习毅力，以巩固和发展他们的学习兴趣。学习是需要付出艰苦劳动的，孩子年龄小，性格脆弱,自尊心较强,顺利时兴高采烈,遇到挫折时就往往情绪低落。而坚持严格要求、培养毅力,就能不断激发孩子们的学习动机。

作为家长，应关心孩子的学习成绩，问题是如何对待孩子的成绩。一般要多表扬鼓励，少批评指责。对孩子的进步，哪怕是微小的进步，如给予肯定和表扬，也会使他深受鼓舞，提高兴趣，增强信心，当然，要注意避免过分的夸奖。当孩子考了99分时，家长不仅要肯定成绩，而且要指出不足，引导他们指出不足的原因，并进一步提出新的要求。同时，还要注意运用古今中外正反两方面的典型事例，让孩子懂得“满招损，谦受益”的道理，使其不致“聪明反被聪明误”。当孩子考试成绩不好时，要帮助他们总结经验教训，鼓舞信心。

(5)引导儿童的偶然性兴趣

家长还应注意发现和引导儿童的偶然性兴趣。常常看到这样一种情况，孩子在某个时期对某项活动或某一事物产生了强烈的兴趣，与此同时，又产生了他对与此有关的知识学习的积极性。对这种偶然兴趣应积极加以引导，使之成为稳定、持久的兴趣，成为推动孩子学习的强大动力。应该看到，任何科学家都具有比一般人更强烈的求知欲，这推动他们顽强勇敢地攀登科学高峰。

历史镜头

博观而约取，厚积而薄发

辛文悦是赵匡胤的第二任老师。他在教育赵匡胤时有他的一套方法，这对于少年调皮的赵匡胤来说，有一定的作用。

首先得爱孩子，用心去爱。辛文悦曾参加过进士考试,而且差一点就考中了。不知为什么,赵匡胤一见到辛文悦,便有一种亲切感。而辛文悦见到赵匡胤,也很是喜欢。赵匡胤虽然对辛文悦颇有好感，但当辛文悦慢条斯理地讲授《四书》、《五经》的时候,他虽然有点心不在焉,但是还是听进了不少。

其次是善于与孩子交流，尊重孩子的选择。辛文悦问赵匡胤道:“你天资聪慧,为何对读书不感兴趣?”赵匡胤回答得很干脆:“读书无用!”

“那么,”辛文悦继续问道,“你以为何物有用?”

赵匡胤不假思索地言道:“骑马,射箭,舞刀,弄枪!”

“好!”辛文悦重重地点了点头,“我就满足你的愿望。”

第三要为孩子提供良好的教育机会，让兴趣带动学习。辛文悦自己并不懂武艺，但他有位江湖朋友却颇通武艺，尤其擅长骑马射箭。从此，只要那位江湖朋友在家，辛文悦便把赵匡胤领去习武。那位江湖朋友也很喜欢赵匡胤,于是就将一身武艺倾囊传授。这样,赵匡胤在汴梁便有了两位老师，辛文悦教他习文，那位江湖好汉教他习武。赵匡胤本对习文不感兴趣,可自从习武之后,他对读书的兴趣也日益浓厚起来。

他的父亲并不知道赵匡胤习武一事，但见儿子的功课越来越上进,心中很是高兴,于是就常常叫儿子带些吃的用的东西给辛文悦以示感谢。

第四是培养孩子多方面的才能。懂事了的赵匡胤进步很快,尤其是在武艺方面。十八般兵器,他几乎都能耍弄一番，特别是马上射箭功夫，简直可以说是青出于蓝而胜于蓝了。有一回,他骑在马上,一箭射出,竟然将百步之外的一枚悬于树枝上的铜钱射飞。惊得那江湖好汉半天没说出一个字来。事后,江湖好汉找到辛文悦言道:

"那枚铜钱,那么远的距离,甭说是在马上了,就是立于地面,我也未必有把握射中啊!"

读书贵精,学博致约。辛文悦说:"圣贤之书所载皆天地古今万事万物之理,能因书以知理,则理有实用。由一理之微,可以包六合之大;由一日之近,可以尽千古之远。世之读书者生乎百世之后,而欲知百世之前;处于一室之间,而欲悉天下之理,非书曷以致之!书之在天下,五经而下,若传若史,诸子百家,上而天,下而地,中而人与物,固无一事之不具,亦无一理之不该。学者诚即事而求之,则可以通三才,而兼备乎万事万物之理矣。虽然书不贵多而贵精,学必由博而致约,果能精而约之,以贯其多与博,合其大而极于无余,会其全而备于有用。圣贤之道岂外是哉?"

辛文悦的意思是说,圣贤的书所记载的都是天地之间、古今以来万事万物的大道理,能够凭借着圣贤的书了解道理就会有用处。从一个道理的细微之处,就可以窥测天地四方的广大;用一天的时间,就可以完全了解千万年前发生的事情。世间的读书人生在百代之后,想要知道百代之前发生的历史;居住在一间房子之中,想要知道天下的道理,不靠书本,怎么能够得到呢?天下的书籍《五经》以下,上及天文,下及地理,人和事物,没有一个道理不包括在其中。读书人如果就某件事而求之于书本,那么就可以通晓。虽然书籍不贵在多而贵在精,学习也要由广博再达到简约,但是假若能真正做到精进而简约,用来融贯于多与博之中,那么就可以综合其大而达到穷尽无遗,汇合其全以备不时之需。圣贤的道理怎么能够超越这些呢?

赵匡胤在读书上的进步虽然没有在习武上的进步

快，但成绩也不差。辛文悦在丰富孩子课余生活的同时，让赵匡胤在愉悦中学习，使之能文能武，为将来他发动兵变提供了强有力的前提。

教育成果

人生在勤，不索何获

赵匡胤是军人出身，长期在军营生活，他的知识并不多。但他能认识到这一弱点，并能坚持学习，这是可贵的。

赵匡胤受当时社会风气的影响，对于读书没有什么兴趣。除小时候上过一段时间的私塾外，此后再没有接受过什么教育。从军之初，戎马倥偬，心里想的是如何靠军功博取赏识，根本无心读书。但是后来，仗越打越大，地位越升越高，赵匡胤这才感到分析形势、制定战略、给朝廷官员下达任务，原有的那点儿有限的知识已满足不了需要。读书增长知识和才干的问题已引起了他的重视。

后周显德三年(956年)十月，赵匡胤因从征淮南攻克滁州的战功，被周世宗晋升为匡国军节度使，由一名普通士兵成为统治一方的藩帅，赵匡胤在政治上获得了成功。节度使乃是朝廷重臣，军方大将，除在军事上运筹帷幄外，还需要具有参与和介入朝政的本事和能力。赵匡胤再次强烈地感到自己知识的不足。

书到用时方恨少。从此赵匡胤治军之余，“手不释卷”。“闻人间有奇书，不吝千金购之。”攻克寿州，面对府军堆积如山的金银财货，赵匡胤不为心动。相反他细心地购了一批书籍，仔细包装整理用车子运回京城，为此，有人给周世宗打小报告，称“赵某下寿州，私所载凡数车，皆重货也”。周世宗于是派人搜查赵匡胤的全部行李，却发现车中所载，除书籍之外，别无他物。

周世宗召见赵匡胤，问：“卿身为将帅，有守边疆之责，带兵打仗，书有何用？”

赵匡胤回答：“臣知识有限，收罗这些书是为了学习，增长智慧。”

赵匡胤与他同时代武将的区别就在这里：一般武将只留意于流血和杀戮，而赵匡胤却懂得战争之外还有政治可图进取，而这需要比领兵打仗多得多的本事。应该说，随着赵匡胤由无心读书到自觉读书的转变，他便完成了从一介武夫到一名政治家的角色转换。

赵匡胤取得帝位后，身份和地位发生了根本变化，由统兵打仗的将帅变成了君临天下的帝王。由一名以作战为能事的职业军人变成了总揽军国大事的一国之主，知识的作用越来越重要，他以自己的亲身经历规劝武臣读书。

其实，像翰林学士卢多逊就是揣摩赵匡胤喜好读书的心理，投其所好地预先熟记赵氏所读的内容而取得信任的。对于不喜读书的宰相赵普，赶匡胤曾多次予以批评和规劝，宋人记载说：“太祖尝谓赵普曰：‘卿若不读书，今学臣角立，隽轨高驾，卿得无愧乎？’普由此手不释卷，然太祖因此广阅经史。”

这段话反映了宋初官场的读书风气。由于赵匡胤“广阅经史”，身体力行的鼓励和提倡，使宋初官员中“学臣角立”，身为宰相的赵普也感到了“再不读书就会落伍”的危机，所以也始刻苦攻读，终日手不释卷。

赵匡胤由提倡读书、喜好读书发展到重用儒臣、大兴文教，将科场代替了战场，影响和左右了一代社会风气。在他统治时期，重文抑武之风盛行，正像后来宋朝儿童读本《神童诗》中所写的那样,是“天子重英豪,文章教尔曹。万般皆下品,惟有读书高”。

赵匡胤读书,带有明确的实用性,他反对为读书而读书。他曾对赵光义的侍讲老师说:“帝王之子,当务读经书,知治乱之大体,不必学作文章,无所用也。”

当然赵匡胤确实注意通过读书来“知治乱之大体”,从历史经验中获取有益的教训。

其实,赵匡胤不仅注意向历史学习,还注重向现实学习,从“无字之书”中吸取教训。灭蜀后,后蜀宰相欧阳炯随孟昶入京,被授予翰林学士。

对于南唐文人皇帝李煜,赵匡胤也有类似的感慨,他说:“李煜若以作诗的功夫治理国家,怎么会亡国呢!”正因为有这样一些反面教训,所以赵匡胤总是“夙兴夜寐,防非窒欲”,为朝廷军国大事操劳费心,不敢有丝毫的懈怠。

现代教育
点石成金

让孩子“通”而“专”

古今治学，大致可分两类，一是精读，一是博览。“专”与“博”其实是相互依存、互为作用的。成就大事者,往往“专”中显“博”,“博”中有“专”。“博”是更基础的治学要求,试看学有所成者,哪一个不是博览群书,学富五车。“博观而约取,厚积而薄发”,就是说,读书要广博而善于取其精要,要有丰富的积累而谨慎地运用知识。

学业的长进,譬如种庄稼,要尊重物候的变化,适时播种,勤于灌溉,除草松土,按时收割。学有所成,是一个循序渐进的过程,欲速则不达。古人有句话,“读万卷书,行万里路”,增长知识,增长阅历,这是成长的必要途径。

国画大师张大千先生曾手书一联:"于书无所不读,凡物皆有可观",也是这个意思,强调了"博观"的重要性。

当今社会,还需不需经强调"博"呢?随着知识经济时代的到来,知识更新日新月异。为实现人的发展的持续性和全面性,构建学习化的社会和实施终身教育,已成教育发展的必然趋势。学习不可停顿,需要不断接受新知,涉猎新领域。人类文化知识是一个多层次、多结构、多序列的完整系统,科学技术的综合化将越来越明显,社会需要"专才",更需要"通才"。教育将更加强调综合科学的重要性,课程设置上更强调文理科的相互渗透和交叉,高考科目设置的改革,已反映出教育发展的端倪。"博"不仅是必要的,更是时代的要求和呼唤。

(1)给孩子一双慧眼

"博观"、"厚积"是就读书的广泛性而言的,从方法角度说,重要的则是做到"约取"。苏东坡认为,学习要"通乎万物之理",就应该具备批判的品质,"是故幽居默处而观万物之变,尽其自然之理,而断之于中。其所不然者,虽古之所谓贤人之说,亦有所不取"。事物是纷繁复杂的,对前人的经验和认识,要有正确的识别能力和判断能力,绝不可人云亦云,要注意比较鉴别,明辨是非,有个人独到的见解,"吾爱吾师,吾更爱真理",读书要善于去其糟粕,取其精华。

治学要经得住诱惑,要耐得住寂寞,要等到知识完全充足,如水之溢满,如满弓发箭,志存高远,这才能取得所希望的成就。

(2)书山有路勤为径

面对知识的汪洋大海，如何积累呢？知识的增长，是日复一日、年复一年的积累过程。在这个过程中，始终要牢记"书山有路勤为径"。何以算"勤"？记得有一个生动的比喻，就是"你看农民出门，总随手带粪筐，见粪就拣。积累知识，也应该有农民积肥的劲头"。积学如拣粪，要非常勤快，既要眼勤，处处留心；又要手勤，不怕麻烦，诸如写笔记，作摘要，抄资料，制卡片，搞剪贴等等。

(3)锲而不舍，金石可镂

积累知识是个长期的、艰苦的事情，不可能一蹴而就，重要的在于有恒心和毅力。有一副对联说得好："若要恒，何必三更眠五更起；最无益，莫过一日曝十日寒。"没有持之以恒的意志，缺乏坚持不懈的精神，就不可能攀上知识的高峰。

(4)有条不紊，思维清晰

随时随地积累知识，目的是加深理解，有助消化，丰富思想，提高水平，使知识更丰富。在理解的基础上去消化、去记忆，才能做到有条不紊、循序渐进，才能使自己的思维不会陷入混乱之中。

历史镜头

玉不琢，不成器

农民出身的皇帝朱元璋，有儿子二十一人，其中以第四子朱棣最聪慧。朱棣从小就机灵过人，悟性极高，颇受父皇偏爱,朱元璋特意为他找了位才学出众的太学士作老师。而且四皇子聪明好学,遇到难题,只要稍加指点,便能解开迷津,因而深得老师欢心,太学士恨不得将自己满腹经纶全教给这未来的国君。明成祖朱棣在宫廷中度过了他的青少年时期。他11岁的时候被封为燕王。又过了10年,他已成了一个英姿飒爽的青年,便率领护卫就藩北平。这段时期的生活对他以后的道路产生了深刻的影响。

学习礼仪,先从懂礼开始。朱棣要参加各种朝见和祭仪,都要一本正经,不能有半点儿戏。除此之外,就是跟随几个大儒一天到晚诵读儒家经典。

学习、玩一样重要。他们经常到郊外走动,目睹到一些民间生活情趣,使自己的性情得到陶冶,使心情得到适当的放松。

学习传统文化。另一项主要生活内容就是学习儒家经典了。朱元璋年轻时没机会上学,后来只是在马背上学了点文化,当他亲自撰写诏敕或什么祭文时,语句都是似通非通的。他为徐达墓撰写的碑文,谁也断不开句。朱元璋一生都为自己文化水平低而遗憾。因此,他十分重视对孩子们的教育。

读经明史,开卷有益。古圣人之所道之言即经,所行之事即史。开卷即有益于身。

为孩子提供优良的学习环境。朱元璋称帝的第一年,就在宫中修建了大本堂,作为皇子学习的场所。堂中藏有大量历代图籍,供皇子们观览。朱元璋还征聘各地名儒,轮班授课,教育太子和诸王。师傅都是满腹经纶的大儒,如宋濂等。他前后十几年,向太子和诸王讲四书五经,讲封建礼法,一举一动都要合乎封建礼仪。

让孩子在鼓励中得到关怀。如何教育这些皇子们,朱元璋对儒臣们提出了他的教育方针:“譬如一块精金,要找高明工匠打造,有一块美玉,也要有好玉匠才能成器。有好子弟,不求名师,岂不是爱子弟还不如爱金玉吗?我的孩子们将来是要治理国家的,各功臣子弟也要做官办事。教育他们的方法,最要紧的是正心。心一正,万事都能办好;心不正,各种邪欲都来了,这是最要不得的。要教他们切实的学问,用不着像一般文士那样,只是会记诵辞章,没一点好处。”

教育成果

樱桃好吃树难栽,不下工夫花不开

朱棣,朱元璋第四子。洪武三年,受封燕王。十三年就藩北平(今北京),多次受命参与北方军事活动,两次率师北征,加强了他在北方军队中的影响。朱元璋晚年,朱棣不仅在军事实力上,而且在家族尊序上都成为诸王之首。朱元璋去世后,继位的建文帝朱允实行削藩,朱棣遂于建文元年七月发动靖难之役,四年六月攻入南京,夺取了皇位。次年改元永乐。朱棣即位之初,对洪武、建文两朝政策进行了某些调整,提出“为治之道在宽猛适中”的原则。他利用科举制及编修书籍等笼络地主知识分子,选择官吏力求因材而用。当其皇位较巩固时,又继续实行削藩。他还继续实行朱元璋的徙富民政策,以加强对豪强地主的控制。永乐初开始设置内阁,选资历较浅的官僚入阁参与机务,解决了废罢中书省后行政机构的空缺。朱棣重视监察机构的作用,设立分遣御史巡行天下的制度,鼓励官吏互相告讦。他利用宦官出使、专征、监军、分镇、刺臣民隐事,设置镇守内臣和东厂衙门,恢复洪武时废罢的锦衣卫。厂卫合势,发展和强化了专制统治。

朱棣十分重视经营北方，永乐初即改北平为北京，设行在六部，增设北京周围卫所，逐渐建立起北方新的政治军事中心。七年设立奴儿干都司。同时争取与蒙古族建立友好关系。七年，在北京天寿山建长陵。十四年开工修建北京宫殿，十九年正式迁都北京。朱棣为保证北京粮食与各项物资的需要，于九年疏浚会通河，十三年凿清江浦，使运河重新畅通，对南北经济文化交流与发展起了重要的作用。朱棣注意社会经济的恢复与发展，鼓励垦种荒闲田土，实行迁民宽乡，督民耕作等方法以促进生产，并注意蠲免赈济等措施，防止农民破产，保证了赋役征派。使永乐时期出现政治稳定、经济繁荣的局面。朱棣对典籍的整理也比较重视，组织大批人力编修了中国古代类书之冠的《永乐大典》。为开展对外交流，扩大明王朝的影响，从永乐三年起，朱棣派郑和率领船队7次出使西洋，所历30余国，成为明初盛事。永乐时派使臣来朝者亦达30余国。

现代教育
点石成金

雕琢学习型“精品”孩子

现在的孩子，大都是家里的小皇帝，十几岁了，还在大人怀里撒娇，心理年龄明显偏小，依赖成性，各种不良习性也渐渐养成，令很多父母一筹莫展。“望子成龙，望女成凤”是众多父母对子女的期望。为了使期望变为现实，为父为母者不知付出了多少努力。孩子是我们的未来，要想扶正小苗，光溺爱是不行的，要让我们的孩子学习古圣先贤，这样，我们的孩子就能少走弯路。

您不应该说：学习是第一位的，什么时候都不能放松！

您应这样说:要努力学习,但是也要注意身体。

您不应该说:题目再难,只要多花时间,就一定能解出来的。

您应这样说:用功学习是好事,不过要量力而行,别让自己太累。

(1)学习、玩、健康,对孩子来说都一样重要

有个朋友,谈到他的父亲,总是感叹父亲对自己的影响之大。其实说起来也不过是一件平常的小事。

他父亲平时工作繁忙,根本没时间管他。有一次父亲偶尔闲下来了,跟他谈话,末了说了这么一句话:"我都没怎么管你,一来我忙,二来我看你也很努力,功课不错。不过呢,也要注意劳逸结合,别搞垮了身体。"

这个朋友当时正上高一,成绩中上,平时玩得特别疯。父亲这一句话,让他心里觉得愧疚不已,但是又让他感受到了一种绝对的信任。他在心里暗暗告诉自己:一定不能辜负父亲的信任和关心。事实上,他后来也的确做到了这一点。

一句话感动一个人,影响一个人,改变一个人,并不是天方夜谭。很多孩子的人生,也许就因为父母的一句话而发生意想不到的改变。

学习的问题,一直是父母和孩子的心头结。父母眼里只有成绩,孩子老是担心成绩差遭父母骂。父母要孩子把学习放在第一位,而孩子除了学习,还要玩乐。

孩子们最常听的一句话就是:"赶快写作业去!"学习真的就重要到那种地步,宁愿以孩子的健康和快乐去换取吗?

每个大人都是从孩童时代过来的,应该能够理解孩子好玩的天性。

对于孩子来说，玩乐和健康跟学习是一样重要的。有健康的身体，有玩乐的轻松，才有精力把学习搞好。健康是资本，玩乐是放松。家长必须明白这一点。不要随便地就呵斥孩子“你给我学习去”。

(2)让孩子在鼓励中感受到关怀

既然家长是要鼓励孩子学习，那么肯定是不希望孩子讨厌学习。

但是想一想，孩子如果每天回家都听到父母说：“好好学习去吧！”心里该是多么厌烦！他会觉得父母除了关心学习，根本不在乎他本人。这个时候，他对学习哪里会有好感呢？

鼓励孩子学习，首先要给予他足够的信任，认为他可以做得好，其次是要他量力而行，除了学习，还要结合自己的实际，不要太劳累，不要太强迫自己。孩子听了父母这么说，感受的不仅是鼓励，还有来自亲人的最真诚的关怀，这会让他心里觉得温暖。同时，学习带给他的压力也因此而化解了。

(3)鼓励孩子学习也要因人而异

当然，鼓励孩子学习，也并不是光一个理儿就行得通，还得就具体情况而定。

有的孩子特别贪玩、调皮，父母就要因势利导。比如孩子玩累了，可以对他说：“歇一会儿，去做功课吧，做完了功课，可以玩得更开心了。”

有的孩子内向，或者成绩不好，每天一回家就只顾着埋头苦读，父母就必须想办法让他多跟其他的孩子一起玩，或者带他出去玩，让他减轻学习带来的心理负担。孩子做完了功课,你可以对他说:“现在功课做完了,你可以出去玩会儿,让大脑休息一下。这样明天才有精神学习新的功课呀。”或者说:“学习是很重要,但是不用这么拼命,咱们不急,一点点来。该玩的时候玩,该学习的时候学习,要把学习变成一件快乐的事。”

(4)学习习惯高于学习成绩

一个爱学习会学习的孩子。必定有许多良好的学习习惯。而一个不爱学习、不会学习的孩子,也常常伴随一些不良的习惯。一般来说,有以下几个基本的学习习惯,学习成绩必定是优秀的:学习有目标、提前预习、认真听讲、完成作业、及时复习、正确使用学习用具、规范书写、积极提问和讨论、经常阅读、持之以恒。这些是最基本的学习习惯,其核心是主动学习,而主动学习是真正有效的学习。

(5)帮助孩子把握方向

有人问学生为何读书,大多数答:为了求取知识,将来能找到一份好工作,挣更多钱,有更好的生活;另有人说:为让父母高兴。

再进一步探问,方可明白“将来挣更多钱”,多是父母为孩子描绘的“美景”,这对于孩子来说是多么遥不可及。学生在苦读中,非但没有看到“多挣钱的曙光”,而深深品味的却是读书中“苦涩”,由此他们产生消极的情绪,以致陷入思想极度厌烦,身体疲累不堪之中。

在这样的状况下学习,备受“煎熬”,他们究竟能持续多久?因而当他们上了初级学院,达到“解脱”阶段的那种“喜悦”,便不难理解了。

我曾在两年前，讲一个故事给9岁的孩子听："人们想让乌龟前进，便用棍子打它，谁知那乌龟却把头缩进了壳里，不肯出来；另有人想让马儿快点跑，便用鞭子抽打，它因为忍受不了疼痛，飞奔向前。你要做'乌龟'，还是要做'马儿'？"

孩子认真思考良久，才说："我两个都不要做。""那你要做什么？""我要做火车，自己向前走！"

听罢，我放心了，我想：在需要时，只需为其把握好方向，让孩子自己在漫长的"驾驶"生涯中，体会乘风破浪的乐趣，这列"火车"永远会奔驰向前。

"可怜天下父母心"，世上有哪位父母不为孩子鞠躬尽瘁呢？然而，并非所有家长都能意识到，多年来自己手中高举的"鞭子"，没有给孩子时间思考自己做什么，却已使亲身骨肉从"马"变成了"乌龟"。

这"鞭子"可能是我们手中的藤鞭，眼中的责怨，还可能是心中爱的呼唤"孩子，快去读书！"

所有为人父母者应该真正明白，我们心中对子女那份赤诚的爱，因不恰当的表达方式，会使他们丧失心中的动力，使他们变成"马"，变成"乌龟"甚至变成"游上海岸的鲸鱼"。

父母亲要想放弃功利的"美景"及"鞭子"式的教子方式，首先需要调整自己的"视力"，只要孩子愿意做"火车"向前走，就不要过份在意"火车"抵站的时间。

我们只需帮助孩子把握方向，相信他们随着年龄的增长，动力会不断增加，终有一天能到达自己理想的目的地！

第三章 大勇才能有大为

我们之中有许多人之所以不敢行动，是因为我们已经事先设想了实践时的害怕和恐惧。即使我们已经拥有解决困难的能力，我们还是会害怕和恐惧。瞻前顾后，左顾右盼，最终导致我们一无所成，空自怨叹。梦想需要实现，计划需要执行，目标需要时间，所有的一切都需要你的勇于行动。成功者必定是一个勇敢而积极行动之人，也必定是一个敢想敢做之人。

历史镜头

勇如长虹贯日

勇，是指人的坚强意志和勇敢精神。作为领导者，没有坚强的意志、勇敢的精神，是不可能获得成功的。政治道路，特别是通往权力顶峰的道路总是充满着危险的。而战胜这些，取得成功，最需要的就是勇气和意志力。意志薄弱者取得胜利是不能的。

历史上著名的领袖人物，无不是意志十分坚强的人，他们往往具备勇敢、果断、自制、顽强等可贵的品性，这些品性成为他们成功的首要因素。

刘秀和严子凌在他们的老师那儿学到了不少知识。他们两个人同在一个私塾读书，老师见他们两人很有才华，首先做的第一件事是要他们过一座独木桥，试验他们是否有勇气，用对困难的挑战及成功来增强他们的自信。

刘秀和严子凌站在独木桥前，看着桥下的急流，心里不禁打了一个颤，这么窄的桥怎么过呀！要是我走到中间掉下去了怎么办呀！

老师看出了他们的心思，说："所谓勇者，是一种勇往直前的气魄，是一种大无畏的气概。勇气的考验，不在死的时刻，而在生的挣扎中。面对艰苦卓绝的困境，活下去要比放弃生命付出更多的勇气。"

"假如别人把你的财产抢走了，你会很伤心吗？"

刘秀回答："不会，钱财乃身外之物，我们可以再挣回来。"

"假如你的荣誉受到了损害，你会难过吗？"

"会,但是我会尽力挽回。"

"假如你失去了勇气,那你还能做成什么吗?"

"那将一事无成!"

老师于是说:"你失去了财产,你只失去了一点;你失去了荣誉,你失去了许多;你失去了勇气,你就把一切都失掉了。"

刘秀和严子凌两个人,面对那窄窄的独木桥,迈开步子,终于平安地走了过去。

老师面对两个人的不同特长:刘秀谋略出众,严子凌才华横溢,对他们实施不同的训练,并且设置不同的障碍,在他们训练的时候始终是以欣赏的眼光对待他们,即使是失败了,同样提出表扬,激发了他们对困难的挑战心理,保护了他们强烈的自尊心。

在老师的教育下,刘秀心中充满了力量,面对困难,丝毫都不畏惧。

生活中确实有许多的"不可能"驻扎在我们心头,它无时无刻不在侵蚀着我们的意志和理想,许多本来能被我们把握的机遇也便在这"不可能"中悄然逝去。其实,这些"不可能"大多是人们的一种想象,只要能拿出勇气主动出击,那些"不可能"就会变成"可能"。我们很多时候之所以不能成功,缺乏的不是才能和机遇,而是缺乏那种大胆尝试的勇气。

教育成果

有勇气承担命运,这才是英雄好汉

刘秀开始在起义军中,地位并不高,因为他性情柔顺、温和谦恭，一些起义军将领认为他也不过是庸碌软弱之辈，总没有把他放在心上。

昆阳之战时，王莽派了四十万大军，将义军驻守的昆阳城团团包围。一些义军将领胆怯了，便吵吵嚷嚷地说要解散队伍，各自回家，整个军队顿时陷入一片混乱中。

这时，位居偏将的刘秀讲话了："现在的确是非常艰难的时候，如若我们能团结一心，也许还有胜利的机会，若只顾自己逃命，不顾军纪，说不定我们更容易被王莽大军消灭。况且昆阳一旦失陷，一定会严重打击其他义军的士气，到那时绿林军可能全军覆没。各位想想，我们若不合力作战，只一味地想如何逃走，那不是很可悲吗？"

将领们听了刘秀的话，面带愠色地斥责道："难道凭你也想来指挥我们吗？"刘秀听了一笑置之，离席而去。

这时出去打探消息的骑兵匆匆赶回，气喘吁吁地说："不得了了！敌军已至城北，军队绵延数百里，看不见尽头，而且后方部队还一直在向前移动！"

见此情势，将领们面面相觑，既无退敌的良策，又无撤退的可能，该如何是好呢？有人想起了刘秀刚才说的话，便找到他，说："请刘将军为我们计划战略。"

刘秀将自己心中已拟定的战略告诉他们，众将军觉得可行，就让刘秀照着他的计划去做。

这时，昆阳城内只有士兵八九千人，刘秀要众将留守昆阳，自己趁着夜色，率领十三个骑兵，溜出城外去请求援兵。

刘秀讨得援军后，便率一千余骑兵当先锋，直奔昆阳城。在距城四五里的地方，遇到了前来迎战的敌军。

敌众我寡，进还是退？刘秀毫不犹豫地选择了积极的进攻策略。他身先士卒，奋勇向前，毫不畏惧，连杀了数十个敌人。

同行的将领看到这种情形，都高兴地说："刘将军以前看到弱小的敌人，也会害怕得发抖，现在面临强大的对手，居然毫不畏惧，勇猛杀敌，实在是不可思议啊！就让他领导我们，去杀败敌军吧！"说完，大家就一齐向前冲杀，军心大为振奋。在刘秀军队的猛烈冲击下，王莽军队大乱。城中的义军也趁机出城应战，里应外合，大败莽军。莽军四十万大军只剩下了几千人。

在这场著名的昆阳战役中，刘秀勇敢的战斗精神、坚强的意志和非凡的胆识谋略起了至关重要的作用。也正是这种勇敢精神和坚强意志，使刘秀最终登上了皇帝宝座，成为一代英豪。

现代教育
点石成金

温室中的花朵长不大

孩子的胆量生来是不一样的。有些孩子天生不爱说话，害怕生人，不敢表现自己，我们宁可把这看成是他的性格特点，而不要简单地看成是缺点。有些孩子胆小，父母也有责任。父母安全意识过强，老是吓唬孩子，孩子干什么父母都说"危险"，久而久之，孩子就会总结出一条经验，最可靠的办法是什么也别摸，什么也别干，在我们成年人看来，自然就是胆小怕事，没有勇气。

现在的孩子在幼儿园之前，很少有与同龄人交往的经验，在家里受到所有人的保护，这种生活使他们根本不具备应付挫折和压力的能力。进入幼儿园后，有的孩子本身先天适应能力较差，面对新的环境感到特别拘谨，面对这么多处处不再护着自己的小朋友和老师，他们会从内心感到害怕和孤独。这时，如果父母忽略了孩子适应新环境的教育，忽视了安慰和鼓励孩子，孩子就很容易变得胆小怕事、退缩，当他们面对种种压力时，由于不知道怎样奋起反抗，只有退缩到自己的内在世界里以躲避外在世界的伤害。

有的父母整天把孩子关在家里，不准孩子与其他孩子玩耍，或者对孩子过分迁就、溺爱，也是使孩子不适应新环境的原因。孩子因缺乏与同龄人交往的技巧，只好采取逃避的行为。有的孩子由于自身存在某种缺陷，如口吃、长相不好等，在新环境中受到了极大的伤害，从此失去自信心，慢慢地就变得再也不敢当众发言，大声说话，生怕被别人注意到，恨不得躲到没人的地方。

每当孩子被墙壁或椅子撞了时，我们往往会一边哄"宝宝不哭"，一边打墙壁骂椅子。

可一位美国心理学家却很严肃地说："这实际上是家庭教育的一个误区。孩子撞上椅子，是他自己造成而非椅子的过错。做父母的有责任让他们明白，自己做错了事，责任就应由自己来负，这样他们就会慢慢明白，在他与这个世界发生关系时，他应负的责任是什么。"

一个人的路毕竟要靠自己来走，有人帮你是幸运的，没人帮你也并非不公平。我们都应让孩子明白，不管是遇到什么坎坷，都不要怨天尤人，必须自己克服。

由于"爱"，怕孩子哭，怕孩子不高兴，软弱的父母往往在孩子哭闹面前屈服，对孩子的种种无理要求进行让步。当然，也有一些父母也曾试图让孩子做点力所能及的事，锻炼锻炼孩子，但当孩子一遇到困难，用哭喊来争取家长的同情时，却受不住了，立即妥协。这些父母显然都是些慈祥的父母，但同时也是糊涂的父母，孩子将来不会感激他们。

父母们一心期望的是孩子"成才"，但是，要"成才"，首先要"成人"。一个人如果在精神素质上缺乏"克服困难"的勇气，在社会上是站立不起来的。父母不会保护孩子一辈子，而未来的事业和个人的生活道路上又决不会是一帆风顺的，只有那些在前进道路上不畏艰险，具有勇敢精神的人，才有可能克服人生路途中的种种困难，对社会做出贡献，而要孩子具有勇敢的精神，从小就要注意培养。

(1)树立孩子的自信心

人的胆怯在相当程度上起因与缺乏自信，要培养孩子克服困难的勇气，树立孩子的自信心十分重要。首先成人要对孩子表示信任。如，当你的孩子不小心摔倒了，你不要迅速地把他抱起来，而要让他自己爬起来。又如，当你的小宝宝想要某种玩具又够不着时，你不要急忙去给他取，而对他说："你自己想办法去拿"，当他成功拿到时，那高兴劲远比他人代劳要高兴的多，因为他从中认识到了自己的力量。

(2)适当设置小障碍

我们还可以有意识、有目的地创设各种条件，适当设置一些小障碍，使孩子得到实际锻炼。如父母可以和孩子一起玩过关游戏，竞赛游戏，使孩子在玩中得到锻炼。《快乐总动员》节目中的"过关"环节中，经历过的孩子会终生难忘，并终生受益的。

(3)给孩子树立榜样

我们要给孩子树立榜样，切不可忽视你对孩子影响的巨大威力。要教育孩子成为一个什么样的人，自己首先要成为这样的人。要培养孩子克服困难的勇气，自己也要以身作则，切不可在遇到困难，心情烦躁时，在孩子面前大谈特谈，怨天尤人，要静下心来从自身找找原因。

(4)别刺伤孩子的自尊心

有的父母老是指责孩子："你看人家，多么聪明伶俐，你再看看你，像木头疙瘩似的。"这种"定位"式的批评特别容易刺伤孩子的自尊心和自信心，正好强化了他的怯懦。不要批评，要有耐心，要鼓励孩子经常和小朋友一起游戏、交往，教给他一些与同龄人交往的技巧，培养他对新事物的兴趣，养成热情、活泼的性格。对孩子存在的能力缺陷及时加以训练和培养，如孩子本来说话表达不清，母亲可以和孩子一起每天坚持表达训练。父母应注意发现孩子的闪光点，对他的一优点经常加以鼓励，使孩子从中获得尊严。当孩子要面对新环境时，父母应给他详细描绘新环境的情况，教给孩子适应新环境的方法，并教给孩子勇敢地去面对。

(5)学会欣赏孩子

应该告诉孩子你喜欢他，欣赏他的所作所为，哪怕是一点点小事，如孩子懂得体贴大人，知道关心别人等，这样，孩子就会更好地接受自己。经常鼓励孩子，让孩子觉得父母永远都支持他。当遇到困难和挫折时，可以向父母寻求帮助。如每天晚上花 10 分钟时间倾听孩子的谈话，对孩子的自信心就是极大的鼓励，对孩子的每一点进步加以赞扬和欣赏是使胆小怕事的孩子发展的一个有效方法。让孩子帮助你做一些力所能及的事，如买东西、摆桌子、寄信等，通过这些活动，胆小的孩子会逐渐认识到自己是有能力的，胆子也会越来越大。

卡耐基说："我宁愿把自信和勇气传给我的子女，而不是留下百万元的财产。"

勇敢者对未来抱有坚定的希望，他敢于正视困难，不指望投机取巧的侥幸，能认真地对待每一次挑战，把挑战当作通往成功的起点。勇敢者不会逃避，不会推卸责任，哪怕是前面危机四伏，只要有一丝阳光，也要以百倍的努力去争取，对未来始终抱有希望。

历史镜头

大勇若怯

勇怯之别，在于外部压力的大小与否。于是，勇怯韬略的使用，便讲究营造各种压力，使勇者为怯，怯者为勇。

大勇若怯，大怯若勇，勇生于怯，怯生于勇。大勇若怯旨在使对手解除思想上的武装，不以为意，然后猝起，予以致命的打击。陆逊反击刘备，司马懿谋除曹爽，吕蒙、陆逊对待关羽等，均属此类。大怯若勇，是营造虚势，恫吓敌方，以便撤退。陆逊从襄阳退兵，孙坚击海盗胡王，于鲁阳城收兵等，均为典型。而勇怯之变，则由势而成。

傅以渐，清朝第一个状元。他奉诏陈述时务，上奏安民的策略。他所奏合国情、顺君意，遂被加封为太子太保，成为后来继位的康熙帝的老师。康熙 8 岁当皇帝，他父亲顺治帝临死前命八个满族大臣辅佐他处理国家大事。其中一个辅政大臣叫鳌拜，他既掌握着兵权，又不断扩大自己的势力，而且特别霸道。直到康熙 14 岁亲自执政后，他还是专横地把持着朝政，根本不把皇帝放在眼里。众大臣都特别恨他。在这期间，傅以渐看在眼里，急在心里。在对少年康熙的教育中，他把自己的大智若愚、大勇若怯思想传授给了康熙。

傅以渐看到康熙在御花园练习武术老师教给他的太极拳，看到康熙一招一式的练习，于是静静地在旁边观看，不发出一点声响。等到康熙练习完毕以后，傅以渐走近康熙，边拍掌边说："练得不错，就是出招太刚了一点，还不够柔。"

康熙道："男无阳刚不丈夫，难道不是吗？"

傅以渐笑着说："不错，男无阳刚不丈夫，但是刚中有柔是美男。刚柔之道，在乎一个'度'字。做人的道理，在乎刚柔相济，不可偏废，太刚则会折断，太柔则会萎靡。你知道韩信当年是怎么过来的吗？当年韩信还只是一个普通人时，一个市井无赖讥笑韩信佩剑，说不怕死你就用剑刺我；怕死，你就从我胯下钻过去。韩信瞅了瞅周围一群泼皮无赖一双双幸灾乐祸的眼睛，当着众人的面，屈辱地从那个无赖的胯下钻了过去。因为韩信知道，凭自己之力，是很难战胜那帮泼皮无赖的，大丈夫能屈能伸，一时看似怯懦，并不能说明韩信不勇敢，不是条汉子。后来他在楚汉争霸的战争中成为统率百万大军的上将军，功勋卓著，为刘邦打败项羽立下赫赫战功。如果他当年逞匹夫之勇，很可能死于那帮无赖的乱刀之下，刘邦的汉家天下，还不知哪年哪月能打下来。"

康熙说："您是说勇敢并不是不怕危险和困难；怯懦也不是胆小怕事，而是一种力量的积累，是待机而动的智慧啊！"

傅以渐说："小不忍，则乱大谋，勇，不是暴虎冯河，而是大勇若怯，让对手出其不意。"

他还告诉康熙吴越争霸时勾践的故事，这些故事对康熙幼小的心灵产生重大影响。傅以渐的教育思想很好地在康熙智除鳌拜的事件中体现出来。

生活中人们常常遇到一些意想不到的情况，也就是在危急的时刻，勇敢还是怯懦，将决定一个人或一团体的命运走向。常言道，两强相遇勇者胜。但是，有时候前进可能很难，但有一丝成功的可能；后退，则成功的概率等于零。然而，迂回前行，跨过坎坷将是坦途。是逞匹夫之勇，还是有勇有谋、迂回前行呢？因而这就要取决于当时审时度势的准确判断。大勇若怯，则是一种更高的精神境界和良好的心理状态。

教育成果

有勇气还要知道怎样勇

有一次，鳌拜和另一辅政大臣苏克萨哈发生争执，他就诬告苏克萨哈心有异志，应该处死。康熙没有批准，鳌拜在朝堂上大吵大嚷，卷着袖子，挥舞拳头，闹得不可开交，最后又擅自把苏克萨哈和他的家属杀了。从这以后，康熙下决心整顿朝政，首先要把鳌拜除掉。但他担心鳌拜的势力很大，怕难以制服，于是便想出了一条计策。

当时皇宫中除了太监宫女外，还有一大批侍卫，轮流进宫保卫皇帝。康熙在那些少年侍卫中挑了一群体壮力大的，留在宫内，叫他们天天练习扑击、摔跤等拳脚功夫。空闲时，他常常亲自督促他们练功、比武。

一天鳌拜进宫奏事，皇上正在观看少年侍卫练武，只见千来个人正在捉对儿演习，皇帝还在场外指指点点。

康熙看见鳌拜来了，故意站起身走进场去，笑着夸奖这个勇敢，奚落那个功夫不到家。等到鳌拜走近他，他摆摆手说："今天玩得痛快！有事先不要说，等我……"

鳌拜连忙说："皇上，外庭有要事奏告。皇上下次再玩吧。"康熙这才恋恋不舍地和鳌拜进殿去了。

后来鳌拜看见皇帝玩的次数多了，以为皇帝年少好玩，也就不放在心上，反而暗暗高兴，觉得自己更有机会独断专行了。

过了一段时间，少年侍卫们的武艺练习得有了长进，康熙决定动手除奸。这天，他借着一件紧急公事，召鳌拜单独进宫。鳌拜一点也不防备，骑着马就大摇大摆地进宫来了。

康熙早已站在殿前，一见鳌拜已经走进中，便威武地喝道："把鳌拜拿下！"只听得一阵脚步响，两边拥出一大群少年侍卫，一齐扑向鳌拜，有的抱腰，有的扯腿，有的拧胳膊，霎时间扭打成一团。鳌拜原是个武将，力大无比，又有武艺，但是毕竟年纪大了，手脚已不灵便，同时寡不敌众，不一会就被众少年掀翻在地，捆缚起来，关进大牢。

康熙立即下令，命众亲王和大臣调查和议定鳌拜的罪行。众亲王和大臣见14岁的皇上这么坚决果断，而且不动声色就拔掉了这个天大的祸根，只用10天工夫便把鳌拜专横乱政的30条大罪调查清楚。康熙考虑他过去有功，免了鳌拜的死罪，把他革职，长期拘禁。鳌拜的同党，罪大恶极的处死，其余有罪的关押或者革职。经过这一番大整顿，朝廷上正直的官吏都很高兴，骄横跋扈的大臣也不敢再放肆了。

在朝政初步清明以后，康熙便着手处理国家大事，使清王朝一步步强盛起来。

现代教育
点石成金

让孩子把“勇”用在刀刃上

凡是大勇之人，都具有深远的目标，是不会在小问题上斤斤计较，损伤实力的。天下之大勇者，猝然临之而不惊，是处变不惊的。

教育孩子有勇气、有胆量去克服外界的艰难险阻和战胜自己内心的恐惧情绪。只有勇敢的人，才有为了正当的利益不怕困难、不畏强暴，不达目的决不罢休的精神。在日常生活、学习中，家长应鼓励孩子勇于探索和创新、主动承担重任。要帮助孩子认清真正的勇敢不是鲁莽，鲁莽只是一种不问情由、不顾后果、不辨是非的盲目行动，而应引导他们选择真正勇敢的行为模式。

(1)面对爱逞强的孩子

有个男孩子的爸爸说，他的儿子在看了一些武打片以后，就迷恋上了舞枪弄棒，以“武林高手”自居，以为不怕死、敢冲敢打就是英雄，还一天到晚嚷着要上文武学校。而儿子又是家里的小皇帝，搞得做家长的非常闹心，生怕他这样下去成绩会更差（因为他成绩一向不是很好），还怕他会弄伤了自己或别人。而每次只要家长一说不让他去文武学校，他就哭闹不停，硬说家长不让他做“大英雄”。

其实，儿童时期的孩子已经开始崇尚英雄，崇尚勇敢精神，孩子的这种美好追求，家长首先应该给予肯定。但是，孩子毕竟是孩子，他们还没有能力分清什么是真正的勇敢，什么是真正的英雄，因此需要家长去引导、去帮助。

心理学认为,由于年龄幼小,不少儿童缺乏正确的学习动机,这就造成了他们个性倾向上的不完整状态,从而使他们不能寻找到正确的学习途径。对于这种状况,家长和教师都要学会因势利导,帮助孩子学到真正的英雄精神。由于这个学生的家长工作比较忙,我就为孩子找一些真正的英雄故事书、画册给学生看,帮助孩子理解什么是真正的英雄精神。我们知道,童年期的儿童是天真的、活泼的,他们精力充沛、活动力强、比较喜好那些活动性非常强的游戏。但是,他们子又不能真正地理解勇敢的准确内涵,于是便得出结论,以为舞枪弄棒、不怕死、敢冲敢打就是勇敢。

另外,由于男孩子本身就爱闹不停,加上精力旺盛、活泼好动,更需要一些比较剧烈的运动来消耗他们的体力和精力。努力培养男孩子学习一项有意思的体育活动,就可以转移冲杀打闹的注意力,可以适当收住他的心,以免在“逞强”时伤了自己也伤了同伴。

(2)面对过于自负的孩子

有个女孩子,今年10岁了。她很招人喜爱,上课发言积极,声音响亮,成绩一直很优秀,钢琴也弹得不错,同学老师都喜欢她、夸奖她。可是,她太自负了,总是瞧不起别人。同学有不会做的事儿,她总会说上一句:“哎哟,这有什么难的啊?”有时甚至对任课老师也有些傲慢无礼。

其实,这个学生自以为是的自负心理是自我认知缺陷的一种表现。处处瞧不起别人、对大人也常常傲慢无礼,是一种缺乏自知之明的心理缺陷。

一般地说,自负多表现在独生子女身上,或是表现在家庭条件较优越、具有某种先天优势的孩子身上。自负产生的原因是多方面的，家庭这方面来讲，多是由于家长对孩子过分宠爱、不能正确客观地评价他们所导致的。学校方面来说，是接受的荣誉、表扬过多，由于她上课的出色表现使老师赞不绝口，加上她又具有会弹琴这项专长，更使许多同龄人对她刮目相看。这些过分的夸奖，客观上助长了她自视过高，不能正确评价自己，因而得意忘形，目空一切。其实，这个年龄段的孩子还缺乏全面客观评价自己的能力。如果成年人再对孩子评价不适当，就会给孩子带来一种错觉，以为自己真的像人家评价的那样毫无瑕疵。

其实仔细观察一下孩子，孩子们的自负体现在很多方面的。有的孩子因自负而不能和同伴友好地相处，常常有高高在上、盛气凌人之感；有的孩子对成年人傲慢无礼，不尊敬长辈，瞧不起家长在某些知识方面的缺陷；也有的孩子因自负而不爱与人说话，不爱回答别人的提问，甚至变得爱挖苦人、讽刺人。自负可以说是一种比较普遍存在的不健康心理，许多有专长成或智力超群的孩子都易染上这种心理疾病。

自负往往会导致自满，使孩子丧失进取心，增长虚荣心。另外，自负心理还容易使儿童意志脆弱，经不起挫折和打击。

曾经看到过这样一个小故事，讲的是一个少年歌手去国外演出，因为过于紧张，不小心唱跑了调。这位少年歌手初露头角时一帆风顺，习惯于掌声、鲜花、奖牌，对挫折的心理承受力太弱，一旦在国外演出失败，便失去心理平衡，结果以自杀告终。可以这么说：自负心理是他自杀的重要因素之一。

为了矫正孩子存在的自负心理，我们要逐渐改变对孩子的评价方式，对孩子的评价应客观实际。

另外，要给孩子适当的批评。教师和家长对孩子的表扬要适当，对孩子的批评也要恰如其分，既不能以偏概全，也不能掩耳盗铃、视而不见，而要客观地指出孩子的不足。这样可以帮助孩子正确地认识自己。

还要让孩子养成独立生活的好习惯，给学生创造一点儿遭遇挫折的机会。经历适当的挫折可使孩子心理机制健全，不至于过分自负，经受不住任何打击。

孩子身上的缺点多半是由于成人教育方式不当所引起的，无论是孩子的自理能力差，还是孩子的意志软弱、自负心理严重，多半是家长过分溺爱孩子、保护孩子所导致的。所以，我们应建议家长们一定要理智地爱孩子，科学地爱孩子。建议家长多带孩子出去走走，看看外面精彩的世界，而不要坐井观天，夜郎自大。

(3)面对报复心理较强的孩子

有个孩子，成绩不太好，经常爱在课堂上搞个小动作什么的，卫生习惯极差。有一次，在同桌互相校对作业时，由于她错得比较多，而且写字态度也不端正，同桌都给她批了"×"，她很不满意，竟借故说同桌的字她全看不懂而也将同桌的作业本全主观地打上了"×"(其实同桌的字比较漂亮)。为此，身为男生的同桌还哭了一场。类似的事情时有发生，如她上课开小差，同桌就向老师报告，下课时她就会堵住座位不让同桌上厕所。有时候老师批评她，她的口中也总是念念有词，或者，老师一批评，原本中午在学校就餐，她就会一声不吭地跑回家吃饭，让老师干着急等等。

其实这样的孩子，主要是由于意志软弱，承受挫折的容忍力比较低的缘故。正因为她不能承受挫折，老师或家长一旦批评她，她就会觉得受不了，从而产生强烈的情绪反应，这种情绪反应的一个突出表现，就是行为中带有攻击性和敌意性，也就是报复性。

什么叫做挫折？什么叫做容忍力？心理学认为，挫折就是指人的行为或需要不能实现时所产生的情绪状态。挫折是每个人日常生活中都难免遇到的，有的人经受得住，有的人却经受不住。这种是否能经得起挫折、是否能摆脱困境的耐受能力就叫容忍力。在遇到挫折的时候，有的人意志坚强，能够合理地去调适自己的心理使自己稳定地度过挫折期。而另一些人则意志软弱，不能正确地认识挫折和接受挫折，并在挫折中奋起，便一步一步地颓废下去。

孩子的人生观和世界观都还没有形成，对各种事物的认识能力和分析能力也相对较低，因此很容易产生挫折感。有时，甚至一件极小极小的事情，也容易使他们如同大难降临般感到无法承受。一个人在受到挫折以后的反应是多种多样的，但是这个孩子的表现是出现攻击性行为。由于她的成绩一直都不太好，再加上她爱在课堂上搞小动作，个人卫生习惯不好，可能会经常受到老师的批评，这种失落的情绪日复一日地在她心中积压着，没有发泄出来。于是，在遇到“可以”宣泄情绪的事情时，那种严重的挫折感就到达了顶点，使她情不自禁地要爆发出来，她就会采取了攻击性的行为。

长期处于挫折感的重压下，会使人变得情绪消沉，表情冷漠，内心充满故意和破坏性。因此，教师和家长在发现孩子的不正常心理之后，要尽快帮助其解除挫折所带来的重压。具体可以尝试如下方法：

①加强孩子的韧性，发展孩子对挫折的容忍力。人的一生中要遇到的挫折是多方面的，如果心理素质过于脆弱，不堪一击，那么他在未来的生活中必然是个失败者。所以，教师和家长要在多方面培养学生承受挫折的能力。尤其现在的孩子多是独生子女，总是被父母、长辈捧

着，爱着，他们几乎很少遇到大的挫折，因此才在遇到一点点小问题时，便像天塌下来一样诚惶诚恐。多给学生一点儿挫折教育，他的内心才会更坚强。

②降低对孩子的要求，教会孩子正确认识自己。有的时候，老师或家长本身可能对孩子要求过高，很容易使孩子产生挫折感，适当地降低对孩子的要求，根据孩子的实际情况来要求他们、评判他们，会减少孩子的挫折感。另外，我们还要教会孩子正确认识自己、评价自己。只要一个人尽到了最大努力，即使失败了也不必内疚、失落，不必去追求那些力所不能及的高目标。

③培养孩子坚强刚毅的性格。意志的软弱是不能承受挫折的主要原因，这就需要老师和家长能在生活中多培养孩子的刚强性格，要让孩子独立地去完成一些作业、任务等。只有这样，他才会在遭遇挫折时坚毅果断，而不至于萎靡消沉。

历史镜头

别让借口把自己淹没

“半部《论语》治天下”的赵普在没做丞相之前读书并不多。但是自从他做了丞相以后，学问就一天比一天地好起来了，为宋太祖赵匡胤安定天下作出很大贡献，被赵匡胤拜为老师。

赵普在位期间，身兼丞相和皇帝老师的重任。经常以《论语》和赵匡胤研究为人处世的方略。通过将故事的方式，告诉赵匡胤人非圣贤，孰能无过，知错能改，善莫大焉；三人行，必有我师，择其善者而从之，其不善者而改之。鼓励赵匡胤接受他人的意见，知错能改，放下自己的

架子,礼贤下士。在与赵普的交流中,赵匡胤渐渐形成了虚心接受他人意见、知错就改的优良作风。

在帝制时代,皇帝就是真理,皇帝就是一切。然而赵匡胤能承认自己有过错,并能改正过错,甚至能做到"闻过而喜"这在当时确实难得。

宋太祖赵匡胤在位时,曾令赵普起草制度。赵普来见太祖,一进门,见赵匡胤正露着头额,光着大脚坐在那里。赵普于是止步不进,太祖说:"你为什么不进来见朕?"

赵普说:"现在还不是见皇上的时候,微臣告退!"

太祖意识到自己失礼,便急忙要来头冠,穿好鞋袜重新召见。太祖说:"我只不过是图个凉快,而非他意,请爱卿不要误解!"

赵普毫不顾虑地说:"皇上不要用借口来为自己推脱,借口为您提供了避难所,一旦出现过错,总能找到一些堂而皇之的理由来换取别人的理解。找到借口的最大好处是使自己能够在心理上得到暂时的平静与安慰。但长此以往,借口会使你不再愿意去努力,不愿意去寻求解决问题的办法。陛下您创立大业,世代相传,应以礼示天下,如不能以礼待人,恐怕豪杰们就会一哄而散。"

赵匡胤知道自己错了,觉得赵普说得对,于是严肃地向赵普致谢并表歉意,从此以后再接待近臣时,总是衣帽穿戴整齐。

赵普说:"《虞书》云:宥过无大。孔子云:过而不改,是谓过矣。凡人孰能无过,若过而能改,即自新迁善之机,故人以改过为贵。其实,能改过者,无论所犯事之大小，皆不当罪之也。”

列宁曾说过：没有缺点的人是没有的。科学家在研究、发明和创造的道路上，也会产生这样或那样的错误，但是他们不去寻找借口，而是勇于承认错误，改正缺点。

我们知道，即使是傻瓜也会为自己的错误辩护，但能承认自己的错误的人，显得高人一筹，而有一种高贵怡然的感觉。赵匡胤就是这种人。

教育成果

知耻而后勇，聪明人的做法

赵匡胤在位初年喜欢打猎。有一次打猎时，从马上掉下来，一怒之下，便拔出佩刀把马杀掉了。事后一想，又觉得很懊悔，自责地说：“我贪恋玩乐，冒险骑马，从马上掉下来是我的原因，马有什么罪过，怎能把它杀掉呢？”

赵匡胤有一天在后花园休憩弹雀，这时有个臣子说有急事请见，赵匡胤急忙接见了他。结果所奏之事乃是平常之事，并非急事。于是赵匡胤大怒，斥问为什么把非急事说成急事，臣下回答说：“我以为此事比弹雀急。”赵匡胤听了这话更加愤怒，举起斧柄向他的嘴撞去，意思是看你还敢胡说不，结果撞掉两颗牙齿。可是那个臣下却慢慢弯下身去，把牙齿拾起来，揣在怀里，赵匡胤更怒，大骂说：“你把牙齿收在怀内，还想告我吗？”臣下回答说：“臣不能告陛下，自当有史官将此事写上。”赵匡胤这时恍然大悟，知道自己做了错事。他立时承认错误并赐给臣下金帛，表示慰问并致歉意。

现代教育
点石成金

错误其实是一只纸老虎

失败仅仅是一个过程，是一个从学习到最终成功的过程。我们应当教育我们的孩子有勇气面对不完善的结果，并从错误中学习经验和教训，而不因犯了错误而使自信心受到损伤，甚至受到摧毁。

我们生活在一个竞争性很强的世界。孩子们很快就可发现这一点，无论在小学或在小公园的沙堆上，孩子们都可以轻易感觉到竞争的存在。在一个竞争性很强的世界中生存的人，不断地体验到的两件事是：成功和失败。家长应考虑的是，自己对孩子的期望值到底有多高，自己在孩子身上施加的压力有多少。许多孩子竞争力发挥不好的原因常常能够追寻到父母身上，因为家长给孩子的标准和要求设得太高，而且家长经常地批评或者责怪孩子，已经使孩子的自信心受到损伤，所以孩子就开始向下沿行、难以停止。一个失败接着另一个失败，直至他们的自信心完全崩溃。

作为父母，我们应该想办法帮助孩子面对错误，勇敢地向错误挑战，从而达到打败错误这只纸老虎的目的。

(1)要鼓励而不是安慰

父母能够帮助孩子的惟一的办法是鼓励他，而不是安慰他。父母应该有意识地培养孩子的自信心。例如：可以设置一些可以实现的目标给孩子去做，当他成功了，不要一股脑地给他许多赞扬，或者告诉他，他有多么的伟大；相反应该对他说："你现在这样做，就对了，你是不是在慢慢地感觉到多做一些努力,还是有效果的。”这种话,对孩子有很大的鼓舞作用。

(2)对事不对人

当孩子失败的时候,同样重要的是要把事情本身和孩子分开,不要对孩子讲:“这次你把事情都弄糟了,你怎么搞的?你都忘了应该怎么做了吗?”这种说法显得很没有水平。失败仅仅是一个过程,是一个从学习到最终成功的过程。作为父母,常常在看到孩子犯了错误时,尤其是认为他们在有意调皮捣蛋时,怒火万丈,大发脾气,使得孩子们更加害怕犯错误。

(3)放下你的“尊严”

大多数家长认为自己是过来人,见多识广,经常摆出一副家长“尊严”的架子,凡是自己提出的要求,一定要子女绝对服从,以此树立自己的绝对权威。一旦孩子犯了错误,容不得孩子的半点解释。这类情况有两种:第一是粗暴武断,例如当自己平时十分放心的孩子在游戏室、网吧一玩就是一整天时,怒从心中起,不分青红皂白,劈头盖脸一顿臭骂,却不去因势利导,不去分析原因,凭主观臆断产生上述错误行为,从而导致孩子内心产生怨恨情绪,却根本没有认识到自己的错误行为。第二是威胁审问,有些家长喜欢居高临下地跟自己的孩子说话,把子女推向对立面,缺乏和善的态度,当孩子出现问题时,往往会不问是非加以训斥,总是用“如果你不……我就……”等威胁性的语句,其结果必然导致子女对家长产生“口服心不服”的不良后果,严重时会出现孩子离家出走的恶性局面。一般来说,孩子犯错误的时候,恰恰是教育的良机，因为内疚和不安会使他们急于求助，而此时明白道理可能使他们刻骨铭心。如果父母首先肯定他是一个好孩子，再指出他的错误，那情况就不一样。比如对一个犯了错误的孩子说“你确实很优秀，但是今天这件事，你伤了别人，你怎么想，你怎么办……”

（4）保持教育的一致性

在教育子女时，作为父亲和母亲往往不能采取同一政策，有些家庭是“父严母慈”，而有些家庭是“父慈母严”。不管是严还是慈，从情感角度看，应注意避免以下两个方面：第一不能讽刺揭短，对自己子女犯错误后不能冷嘲热讽，使孩子丧失改正错误的勇气。有些家长动不动就拿以前的旧账翻出来，使孩子的自尊心一次一次受伤害，这样子女就会对家长产生反感，导致“破罐子破摔”，从而使交流失去教育目的。第二不能姑息护短，家长关心子女是理所当然的，在关心子女的成长过程中，应当培养子女独立的人格，不能当他（她）永远是孩子，对孩子犯错误后要帮助他（她）分析原因，特别是一些成绩优秀学生的家长在子女犯了错误时往往会轻信诺言，千方百计为子女护短开脱，这都不是明智之举。

（5）注意谈话方式

谈话方法的好坏会直接影响到谈话的效果，每个家长倘若都从尊重孩子的原则出发，采取正确的方法，无疑会使谈话令人满意，但在实际生活中，往往会出现以下三种情形。第一重复啰嗦。有些道理孩子已经明白，但有些家长惟恐子女把自己的话当耳边风，一有机会，颠三倒四，说个不停，恨不得让孩子立刻变成自己希望的模样。父母这种殷切希望的心情是可以理解的，但说千句、道万言不如父母平时的言传身教，潜移默化，这样的说话方法往往起不到一点实际效果。第二是不善于挖掘孩子的闪光点，不能帮助孩子重新看到希望。在生活中，家长总爱拿自己的孩子跟邻居、亲戚、朋友的孩子相比较，当自己孩子各方面条件处于劣势时，家长在孩子面前总是流露出对别人家子女的羡慕，使自己的孩子在心里产生“我处处都不如他，再努力也是白搭，反正也赶不上就算了”的消极思想。第三是缺乏原则。随着生活水平的不断提高，特别是独生子女越来越多，容易使家长教育孩子时缺乏原则。作为家长，在学生取得成绩、有一点进步时，不能简单地就用金钱奖励。同样，在对孩子提出的要求上，也不能一味地满足，更不能无原则地一味迁就迎合孩子。应当做到爱而不宠，因势利导。只有这样，才能使他（她）不会丧失明辨是非的能力，不会丧失进取意识。

作为家长应该在孩子犯错误时指出他的错误，但不要伤害孩子的自尊心，使孩子不对犯错误产生恐惧感，有勇气犯错误，也有勇气承认错误，更有勇气改正错误，并且孩子很清楚犯错误不影响父母对他们的爱。孩子从中学到的是自信，是改正错误的勇气。

歌德有首诗写道：你若失去了财产，你只失去了一点；你若失去了荣誉，你丢掉了许多；你若失去了勇敢，你就把一切都失掉了。勇敢作为一种宝贵的人格品质，对于人的一生的健康成长非常之重要。特别是21世纪的世界舞台处处充满了竞争充满了风险，需要每一个人具有较强的应变能力适应能力和挑战精神，需要不怕困难不怕挫折不怕失败的勇敢顽强。孩子作为这个世纪的主人，就需要从小就培养起勇者强者的气质，敢于面对一切不幸一切挫折，一切强手一切高新科技，具有无所畏惧不屈不挠的心理素质和竞技状态。那么作为人生第一课堂的家庭，作为第一任老师的家长既要重视孩子的智力培养满足他们的物质营养，更应该关注孩子的心理素质的培养，注意从日常小事做起培养孩子的勇敢精神。孩子摔倒了，让他自己爬起来。孩子遇到了挫折，让他学会自己解决。自己的事情自己做，学会自我独立。不怕暗夜不怕野兽，不怕疾病痛苦，不怕挫折失败，学会独自面对人生的不幸，勇敢些再勇敢些。

历史镜头

充满睿智的胆识让勇者弥坚

陈敬廷是康熙皇帝的老师，在康熙年幼的时候，陈敬廷为了培养康熙的胆识，特意给康熙出了一个难题。

在南山上有两只老虎，如果你只有一个人，要消灭这两只为害百姓的家伙，你该怎么办？

康熙说："我带上锋利的武器，一定能够把祸害铲除！"

陈敬廷摇摇头。

康熙再仔细思考了一会，说："我把一块肉丢到两只老虎面前，然后看他们争抢，其中一只肯定会被咬死，然后我带上武器把那只剩下的受伤的老虎杀了！"

陈敬廷说："大收获的前提是真知灼见。有胆无识，匹夫之勇；有胆无识，述而无功；有胆有识，大业可成。你首先的回答只是凭借了自己的勇力，其结果很难预料，而你现在的回答融入了自己的智慧，只有充满智慧的勇敢才是真正的勇敢呀！这就叫做有胆有识！"

陈敬廷接着说："成就大的功业，不仅需要大的勇气,而且需要睿智的胆识。春秋时期的吕不韦,他投资从政,不能不说是一件充满风险的事情。为了达到自己的目的,他付出了很多,最终他的成功,可以说明两个问题:一是有勇气;二就是有真知灼见。孔子说:三思而后行。做任何事情都不可莽撞。这些都是我们所要学习的呀!"

在对康熙的教育中,陈敬廷敢于放手,让他做一些需要胆识的事情,并且及时加以鼓励,在阅读古代文献的同时,增强了康熙前所未有的勇气。

教育成果

勇,不是暴虎冯河

1661 年,八岁的康熙即位时,鳌拜独揽大权,飞扬跋扈。他在康熙十四岁亲政后仍然专断朝政,顽固推行满族贵族保守落后的政策,并借康熙的名义滥杀大臣。当康熙不同意他的主张时,他竟在康熙面前挥拳舞臂,厉声吆喝,甚至还要加害于康熙。康熙忍无可忍,决心除掉鳌拜。不过鳌拜勇武慓悍,广有羽翼,权柄在握,很难对付。少年皇帝康熙,胸有成竹,导演了一场富于戏剧性的剪除鳌拜的斗争。这一年,康熙才十六岁,从此得以施展鸿图大略。他改革清初的落后政策,重振纲纪,刷新朝政,社会经济开始复苏。国内逐渐出现了振奋的新气象。

权臣除去,解决三藩的问题便提到日程上来。三藩各拥重兵,割据一方,独自为政,成为清朝中央政权的心腹大患。康熙决意撤藩,但三藩势力强盛,多数大臣主张姑息迁就。康熙尖锐指出,三藩"撤亦反,不撤亦反,不若先发制之"。1673 年(康熙十二年),二十岁的康熙力排众议，果断地下了撤藩令。三藩中势力最大的吴三桂，闻讯后率先叛乱，耿精忠、尚之信（尚可喜之子）相继响应。三藩凶焰大炽，一直打到长江，战火几乎燃遍南方半个中国，一时间大有黑云压城城欲摧之势。在这严重关头，举朝震惊。有人建议向吴三桂让步，还有人居然要康熙“裂土罢兵”，使三藩分裂割据合法化，康熙皆予痛斥。他从容不迫，指挥若定，“每日军报三四百疏，手批口谕”，显示出卓越的军事才干。在康熙的英明指挥下，清政府军逐步取得了战争的主动权。1681 年（康熙二十年），历时八年之久的三藩之乱终于被平息下去，中国避免了一场大分裂的厄运！这一年，康熙二十八岁。

接着，康熙开展了收复台湾的斗争。当时台湾由郑成功之孙郑克爽统治，郑克爽居然向清廷提出，准许台湾“照琉球、高丽等外国例，称臣进贡”，妄图使台湾与祖国永远分离。康熙多次争取，郑克爽等人倚仗海峡天险，执迷不悟。1683 年（康熙二十二年）六月，康熙毅然派兵渡海作战，一举攻占澎湖，歼灭了郑氏集团的精锐部队。郑氏集团投降。八月，清政府军进驻台湾，台湾重新回到了祖国怀抱。这一年，康熙三十岁。

康熙在十六岁至三十岁期间，擒鳌拜，平三藩，定台湾，清明了政治，廓清了内乱，完成了祖国统一的大业，为以后出现的清朝强盛局面奠定了坚实的基础。一代英主康熙皇帝，在青少年时代，就对我国统一的多民族国家的发展和巩固做出了重大贡献。他那超人的胆识和谋略，非凡的治国治军才能，在历史上同龄的皇帝中，找不出第二人。

现代教育
点石成金

如何培养孩子的胆识

哪位家长不希望自己的孩子有非凡的胆识呢？要达到这一目的，基本的做法是：

(1)别过分干涉孩子的生活，培养孩子的闯劲

刘少奇同志说得好："对孩子，一是要管，二是要放。什么是管？不好好学习，品德不好，要管；什么叫放？吃苦耐劳的事情，经风雨见世面的事情，都要放手让孩子去干。这样可能要跌些跤，但只有这样才能使他们得到锻炼。"孩子的胆识，就是要在现实生活中才能磨练出来。如果孩子要去旅游而怕他丢失，要去运动而怕他摔伤，要去除草而怕他割到手，把孩子像笼中小鸟一样关着，孩子哪来的胆识呢？因此，当孩子们自己组织野炊、登山活动，组织什么"鬼屋"探险队、外星人搜索队时，除了告诉他们应该注意哪些危险事项外，尽可能放手让他们去干，只有让孩子去闯，才能增加他们的见识，壮他们的胆量。

(2)鼓励或鼓动孩子的勇敢行为

有20多位幼儿园小班的小朋友在抽血化验，竟然没有一个人哭泣，抽血后还都相当兴奋，大声向小朋友宣告："我没有哭，我很勇敢。"原来，在去验血前，幼儿园的老师已把功夫做到家，先问小朋友们"勇敢的小孩怕不怕疼？哭不哭？"在小孩回答了不怕疼、不哭后，接着说：

"我们都是勇敢的小孩,都是不怕疼的,再疼也不哭,呆会我们要去验血,肯定没人哭。"结果才有那么勇敢的场面出现。因此,要使孩子变得更坚强、更有胆识,必须善于鼓励或鼓动孩子的勇敢行为。

(3)增长孩子的见识

孩子的胆识,不仅仅是勇敢,还包括了智慧和谋略。因此,一个有胆有识的人必须以见识作基础。有这样一件事:一群美国女孩在喀斯喀特山搞野餐,返回时因抄近路而迷了路,最后一个叫伊娃内尔的11岁小孩挺身而出,坚定地说:"我听说只要沿着山上的小溪流走,就能找到较大的山溪汇流点。再顺着江流走,最终就能找到更大的汇流,而在大汇流附近,则必定有居民。我打算沿着前面那条小溪流走下去,你们中谁愿意的,就一起走。"结果,全体女孩在伊娃内尔的率领下,经过几小时的跋涉,终于来到了一条大汇流处并听到了人声。事后,很多人感慨:"一个最年轻、最勇敢的女孩挽救了陷入困境的女伴和她本人。"试想,假如伊娃内尔不具备沿溪流走的常识,显然是不能用这方法走出迷途的。可见,通过各种手段增长孩子的见识,才有可能使孩子成为有胆识的人。

历史镜头

无限风光在险峰——成功需要冒险

张良是刘邦的重要谋士和老师。他协助刘邦制定作战方略,并在政治上、策略上提出许多重要建议。

刘邦出身于市井，没有受到过正规教育，他的教育是在争霸过程中慢慢得到的，在这期间，张良就成为刘邦最好的老师。

刘邦在彭城一战中遭到惨败，在这紧要关头，军中上下都如热锅上的蚂蚁，急得团团转，只有张良镇定自若。刘邦急忙召见张良。

刘邦急切地问张良："现在的形势，对我们很不利，我们下一步该怎么走呢？"

张良不急不慢地从几案上拿起一支笔，顺势划了一个圆圈，然后说："这就是我们眼前的形式，我们在中间，周围都是敌人，如果在中间抵抗的话，就是坐以待毙。如果我们能够突出重围，争取其他的反楚力量的话，来个里外夹击，胜算还是很大。不过，这需要我们冒险，如果争取不到的话，就有可能全军覆没。但是现在除了争取其他反楚力量反楚以外，没有什么更好的办法了！"

雄才大略之人总是善于冒险。只有经过周密的考虑之后，他们才会采取行动。

刘邦说："不入虎穴，焉得虎子。"

于是根据张良的建议，刘邦派人争取英布、彭越和韩信起兵反楚，从而使得刘邦没有从浪尖跌入浪谷，这是在浪尖上的一次冒险，也奠定了日后对项羽实行战略包围的基础。

有时候，一句"算了吧"我们就把到手的成功机会轻轻地放弃了，我们每天都梦想着成功，可是机遇到来的时候，却不敢去尝试。因为心中只有对失败的顾虑，所

以失去了成功的机会。

教育成果

勇者处处是家乡

刘邦大军千辛万苦入得咸阳，刘邦和吕雉进入秦宫之中，两人都开始对日后称霸天下起了莫大野心，可惜还有力拔山兮的项羽作为绊脚石，项羽得知刘邦入了关中，立刻回师咸阳，在函谷关外守候。张良向刘邦分析，不宜和项羽硬拼。刘邦更知道自己军力不及项羽四十万大军，便说愿让项羽称关中王。范增已觉出刘邦必成大器，便命项羽设下“鸿门夜宴”，一心想诛除刘邦。但此事为项伯知悉，项伯顾念和张良故人之情，向刘邦大军报讯，刘邦知道这鸿门宴是去不得的凶险之地，但张良却表示不去便只有死路一条，赴会也许能有生机，刘邦无奈只得冒险应约前往……

刘邦的左司马曹无伤派人在项羽面前说刘邦打算在关中称王，项羽听后更加愤怒，下令次日一早让兵士饱餐一顿，击败刘邦的军队。

眼看一场恶战在即。刘邦从项羽的季父项伯口中得知此事后，大吃一惊，刘邦两手恭恭敬敬地给项伯捧上一杯酒，祝项伯身体健康长寿，并约为亲家，刘邦的感情拉拢，说服了项伯，项伯答应为之在项羽面前说情，并让刘邦次日前来谢项羽。

鸿门宴上，虽不乏美酒佳肴，但却暗藏杀机，项羽的亚父范增，一直主张杀掉刘邦，在酒宴上，一再示意项羽发令，但项羽却犹豫不决，默然不应。范增召项庄舞剑为酒宴助兴，趁机杀掉刘邦，项伯为保护刘邦，也拔剑起舞，掩护了刘邦，在危急关头，刘邦部下樊哙带剑拥盾闯入军门，怒目直视项羽，项羽见此人气度不凡，只好问来者为何人，当得知为刘邦的参乘时，即命赐酒，樊哙立而饮之，项羽命赐猪腿后，又问能再饮酒吗，樊哙说，臣死且不避，一杯酒还有什么值得推辞的。樊哙还乘机说了一通刘邦的好话，项羽无言以对，刘邦乘机一走了之。刘邦部下张良入门为刘邦推脱，说刘邦不胜饮酒，无法前来道别，现向大王献上白璧一双，并向亚父范增献上玉斗一双，请收下。不知深浅的项羽收下了白璧，气得范增拨剑将玉斗撞碎。

现代教育
点石成金

爱，就大胆地放开

无时不有的竞争，已是当今社会发展的基本特色。你的孩子将别无选择地走向未来，参与竞争将不可避免。自然规律必然地要把孩子习以为常受到的呵护，化作过眼烟云。亲情无限的父母，面对人生角逐场上的搏斗拼杀，只能是爱莫能助的观众。如果你真爱孩子，如果你会爱孩子，你就要注意谛听岁月发出的严肃告诫：立即停止滥施的娇宠和溺爱，趁现在还来得及，接纳新的教子理念，用新模式、新方法科学施教，给孩子从小打下道德的根基、意志的根基、体能的根基、知识和能力的根基，让他们在走出你的视野之后，拥有强大的竞争力。如果你总是处心积虑地为孩子吃得更香，过得更舒服，考更高的分数而忙碌，却忽视了竞争力的培养，那么孩子未来的人生角色可能是一条“蚕”；老鹰吃它，小鸡啄它，连蚂蚁也围着咬它……

在社会生活中，不少人的智商、财商、情商都不错，但终其一生却没干出一两件让人刮目相看、颇有成就的事情。其中的缘由究竟何在？

我们认为，这其中既有传统文化重负的影响，也有计划经济体制模式的束缚，但更为重要的是缺少一种冒险精神的培育和自我激励意识。我们做父母的该怎样培养孩子的这种敢为天下先的冒险精神呢？

(1)将无法无天地“乱来”与冒险精神区分开来

既不可放纵孩子的不良习惯和不良行为，又不可扼杀孩子的创造精神和冒险精神。对于那些违法犯罪的行为、有悖于社会公共道德的行为和损人利己的行为，要严厉批评，严加管束。而孩子对他自己的未知世界、未知领域的探索行为，则应予以鼓励、引导和支持。

(2)设置一些通道，激活孩子的冒险精神

儿童与成人对世界和社会的认知处于完全不同的两个层次。许多在成人看来是熟悉的东西，但在儿童的眼里却是新奇的。许多在成人看来是正常的事情，但在儿童的心目中却充满了刺激。因此，父母在设置培养孩子冒险精神的通道时，应先琢磨清楚孩子的思维，站在孩子的立场上，即来一个换位思考，并循序渐进。比如：孩子1岁左右刚学走路时，就要鼓励他独立前行，即使摔倒了，也要鼓励他自己爬起来继续独立前行；孩子3岁左右上幼儿园时，就要鼓励他识路，要帮助他懂得一些交通规则，并在交通情况不很复杂的情况下，采取尾随的方式，让他独立上幼儿园或到一定的目的地。与此同时，在安全有保障的前提下，鼓励孩子玩秋千、玩滑板。在孩子五六岁时，在确保安全的前提下，鼓励孩子学游泳、学骑自行车,还可以鼓励孩子去防空洞里玩游戏。当然，在家庭经济条件、社会条件和环境条件以及孩子身体条件允许的情况下，也不妨让孩子坐坐过山车，参加滑雪、登山、高台跳水和漂流等活动，让孩子玩玩“心跳”,让孩子在这种“玩心跳”的过程中,品格更坚强、更勇敢、更富冒险和探索的精神。

(3)正确引导孩子的一些冒险行为

对未知世界和未知领域的探索是孩子的天性。有不少孩子出于好奇，总喜欢将买回家的玩具拆开，然后又试图组装好。对家里的录音机、收音机、电脑、音响和自行车等,父母稍不留意,就变成了零部件。对孩子的这些行为,父母究竟应该怎样看?怎么进行正确的引导?我们认为:首先,孩子的这种行为是一种积极的行为,是一种对未知领域和未知世界的探索。不懂不装懂，不懂就想方设法去弄懂,这是创造型人才不可或缺的品质。因此,当我们自己的孩子犯了这样的“错误”时,我们做父母的要一事一议,注意肯定其探索精神。其次,注意引导孩子从弄清最基本的设计原理入手,为孩子答疑解惑。比如:收音机为什么会说话?为什么会唱歌?当然,这种答疑解惑决对不可用单纯的无线电原理来讲，而应通过孩子所熟悉的事物，通过比喻等方式，以通俗易懂的语言告诉孩子这些原理。若父母懂得组装，则应指导孩子自己动手将拆开的东西重新组装好。当然，如果孩子有这方面的兴趣，父母则可到废旧物品公司或二手市场，以低廉的价格买回一些整件或零部件，并指导孩子进行组装。如此这般,既可以丰富孩子的想像力、创造力,又可以提高孩子的动手能力，让孩子从小就成为一名硬件工程师。再次，要从安全的角度和商品的使用价值方面向孩子讲清楚，这些商品都是有使用价值的，都是父母通过努力工作而花钱买回来的，如果弄坏了，实在可惜。并向孩子建议，如果想拆开这些东西看一看，父母将为他提供帮助和支持。当然，这种帮助和支持无非是两条：一条是父母懂得这些物品的组装，则可指导孩子动手；另一条是废物利用。需要特别强调父母切不可做这样的事：见到孩子损坏了家里的物品，就大动肝火，斥责并打骂孩子，甚至将孩子说成是“败家子”，以致将孩子的这种探索精神和创造精神扼杀在摇篮之中。

(4)让孩子面对并体验到成功的艰难

成就教育包括了两方面的内容：一是激励孩子追求成功；二是鼓励孩子不怕困难。要教育孩子：在追求成功的同时也要做好失败的准备，人生不可能次次成功，但要从失败中走出来，逃避失败就意味着放弃成功的可能。做任何事情，只要努力去做，不怕失败，就会有成功的希望。

(5)培养孩子勇于冒险的胆识

成就动机高的人有一个典型特征，即敢于冒风险。许多事情，成功与失败仅一步之遥，在追求成功的过程中勇于冒险的胆识是不可少的。当然，培养孩子具有一定的冒险精神绝不是盲目的冒失行为。

(6)改变“无错误”教育观念

不允许孩子出错，这会使孩子在片面追求正确性的同时丧失探索的欲望，因为许多探索都是没有把握的。应积极鼓励孩子创新，鼓励他不怕出错。

第四章 点燃孩子的智慧之光

生存需要智慧，充分运用智慧而谋求生存之道乃生存的最高境界。父母不必给予孩子金山银山，不必苦心孤诣地为孩子设计锦绣前程，只需教孩子掌握生存的智慧就能让孩子终身受益。

历史镜头

智者见于未萌

曹操幼年时，极其贪恋游猎、歌舞等事，而对于当时每个孩子都要学习的死板学问、无聊诗文不感兴趣。

曹家乃仕宦之家，父辈大多对读书甚为关注、用心，并因之谋求到了一定的社会地位。因此，对家族中子弟的教育也十分严格，特别反对他们不务正业，只知放鹰走马、听歌看舞，认为那样会影响学业、消磨志气、毁坏人品。但是后来曹操的父亲的教育方法发生了改变，觉得应该给孩子一点自由，给孩子一点想象的空间。于是曹操就带着整日被关在书房吟咏那些发黄的古书的孩子们，像放出笼的小鸟，一人背上驮着另一人，彼此进攻、防守，防守、进攻，或偷袭、或埋伏、或包抄、或恶战，在曹操统一指挥下，玩得痛快淋漓、身心舒畅。在这些活动中，曹操总结经验、积极思考，强烈的超前意识、敏锐的洞察力得到了很好的培养。曹操益发任意游行，凭喜好学所需知识，以兴趣决定事情取舍，再不受那些死板的条条框框束缚，而自由成长起来。

曹操的父亲教育孩子要防微杜渐，预其未萌。“凡理大小事物，皆当一体留心。古人所谓防微杜渐者，以事虽小而不防之，则必渐大；渐而不止，必至于不可杜也。”他告诉曹操任何事情都应当小心谨慎。古人所说的“防微杜渐”的含义，就是指无论任何事情，即使很小，如果在它初露端倪或刚刚发生的时候不加以防范，小问题就会逐渐变成大问题；如果在它逐渐发展变化的时候，仍然

不加以防范，那么，就必定会发展到不可收拾的地步。

孔子说："知(智)、仁、勇三者，天下之达德也。"所谓"达德"，即古今天下都通达的德性，也就是人人应有的德性。那么，圣贤所论及的智究竟包括什么样的含义呢？《战国策》中指出："智者见未萌之物。"《三国志》中指出："智者贵在免祸。"

所谓智，即是知人、知物、知事的透彻的洞察力。智者常常能在事情处于萌芽的状态下，就察知其发展，并迅速寻求应对之策，并最终能够免除祸害，获得成功。

一个富于智慧的人需要具备处理各种棘手事情的能力，但这还称不上大智慧。真正的智者还必须具备先知般地预知事态发展的能力。

教育成果

识得庐山真面目

刘备在被吕布夺去了徐州之后，去投靠曹操。曹操深知刘备的才华，任命他为豫州牧，驻屯于沛地，又增加刘备的兵源及军粮，无微不至地照顾他。曹操如此善待刘备，目的是想利用刘备的才华，为自己服务。曹操的谋臣郭嘉看到这种情形后，劝曹操说："刘备此人具有雄才，很得民心，像关羽、张飞这样的优秀将领都愿为他舍命而战，此人绝非等闲之辈，若不把他尽快除掉，日后恐有祸患！"

曹操听后苦笑着答道:"我欢迎各路英雄前来投靠,再说刘备已很得人心,我若把他杀了,会招来天下人的怨恨,损失岂不更大!"于是仍旧照样款待刘备。

刘备岂是久居人下之人,投靠曹操,是迫于形势,不得已而为之。他一直在寻找机会,试图改变这种寄人篱下的处境。

机会终于来了。曹操派他率兵去讨伐袁术。刘备即刻动身,驰向徐州。待刘备走后,曹操手下的谋臣对他说:"现在你将兵权交给刘备,等于是纵虎归山,以后你就要多一个强硬的对手了。"曹操这时已察觉到了形势的不妙,派兵想追回刘备,可是已经来不及了。

刘备果然很快反叛了曹操。这时,曹操正率大军同袁绍作战,听到刘备反叛,曹操马上要亲自率军讨伐。曹操部将得知此事,都表示反对。有人进言:"当前的局势只有袁绍和主公争夺天下,袁绍现已来袭,主公竟要撤兵去攻打刘备,若是袁军进攻,我军如何抵抗?"

曹操回答说:"你们不明白,刘备才是真正和我争天下的人,这时我若不将他打败,我便无法安心和袁绍作战。若拿袁绍和刘备相比,袁绍实在算不上什么。"

曹操完,即刻出兵攻打刘备。刘备做梦也想不到,正在和袁绍进行死战的曹操,会不顾一切来讨伐他。在毫无战备的情况下,刘备仓皇丢下妻儿,逃离徐州。

当时,群雄并立,刘备和其他各路豪杰相比,势小力寡,不得不靠投靠他人,以取得安身立命之地。在这种情况下,曹操竟然慧眼识英雄,把他看成是最危险的潜在对手,并认真进行对付,可见曹操具有何等的智慧!

事实果然不出曹操所料,刘备后来在诸葛孔明的辅佐下,在西蜀建立起了与曹魏鼎立的蜀汉,成为曹操统一大业的最大障碍。

明代作家冯梦龙在《智囊全集》中,把能由小见大、察微知着，看成是最上等的智慧。他指出：“上智不可学。”上等智慧不是可以随便学到的，而是智慧之人独具的本领。这种具有上等智慧的人，可以在别人毫无知觉的情况下把各种问题圆满地解决，他们处理事情的不同方略，常常超乎人们的意料之外。一般人所感到惊异的，正是聪明豪杰之士所通晓的。

曹操正是属于这种具有“上智”的英雄。

现代教育 点石成金

用敏锐的洞察力武装孩子

敏锐的洞察力有时候是天生的，但更多是后天培养的。真正伟大的领导者大都拥有敏锐的眼光。

教会孩子进行思考是件艰难的事情。原因在于今日的父母异常热心地为孩子安排了每一件事情。电视机、电脑加剧了孩子的依赖性。所以，在家里创造出一种“思考氛围”是十分必要的。

(1)应重新认识聪明和思考

父母不要认为，孩子聪明一定善于思考，事实上，所谓聪明者并非擅长思考。他们不过具有快速回答问题的能力罢了。相反，表现迟缓的孩子，在沉默中做着“白日梦”，他们时常会产生较为深刻的洞察力。

(2)应让孩子有东西可想

在家里，家长应创造条件，让孩子有东西可想。而且，不应局限于课本内容及童话之类的幻想。据最新的研究表明，孩子可以也应该结合最新发现的科技成果，进行有意义、有开拓性的想象。父母才能引导他们一步步进入一个世事繁杂的社会。

(3)发现模式和线索

新旧知识如何发生联系？旧答案如何运用于新问题？父母既要教育孩子辨明相同知识的模式，也要帮助他们避免一次又一次学习相同的经验教训。

(4)提出非常规的问题

作为学习上的不断挑战，你应该常向孩子提出一些非常规的问题。非常规问题的特征：较生动有趣，较通俗易懂，可举一反三。

(5)对事物的表述准确

教会孩子用正确的字眼表达自己内在的思想，简洁明了地阐明个人的观点，这样能帮助孩子划清事物的界限，在各种困惑中能作出自己的正确判断。

(6)重视每一个孩子对事物的解释

特别关注孩子们的想法，这是科学教育的特点。家长常常这样问孩子："关于……你是如何感受的？""你是怎么想的？""为了……你能做什么？"哪怕是3岁的幼儿，教师和家长都会十分认真地交谈，倾听他的发言和他对问题的看法。由于长期坚持这样做，即使是幼儿园很小的孩子也都积极地、认真地参加讨论和发表自己的见解。为此，一位法国幼儿园园长曾说："我们这么做，不是为了培养诺贝尔奖获得者，而是为了开辟孩子们良好的思考道路。"从小注意孩子对事物的独立的看法，进行有根据、有条理的思考，是科学教育追求的目标之一。

(7)积极鼓励孩子提出问题

积极鼓励孩子提出问题，并为此作为教学的资源。这一做法能够使学生切身感受到，课堂上的科学探究活动是真实的，他们是为寻求未知的答案在工作着，科学探索是要靠问题不断推动的，对外界事物不断地提出问题是十分重要的。他们认为，"关键是创造提问的环境，让孩子们意识到，他们能提问、可以提问、有权利提问。"

人生最快乐的时期应该是童年，孩子们在游戏中探究世界，认知世界，也感受着成长的快乐。3到6岁孩子的思维是很形象的，他们对事物的认识一般伴随着动作和语言产生甚至后于动作产生。但是我们也不要小看了孩子的洞察力，对孩子而言，周围的一切东西都是新奇的玩具，在任何情况下孩子都能使游戏花样翻新。休息日，把孩子带到新的场所去，只要看看他们高兴的神情，你就可以明白，只要一根树枝，一条小小的流水，孩子就会立即利用它玩出新花样？有时孩子的异想天开，足以让大人大吃一惊。这表明，孩子的头脑远比大人认为的灵活得多，能作多方面的观察和思考。"孩子是游戏的天才"，玩耍使孩子自然健康的心性得以充分舒展，由此获得亲身体验生活的喜悦和乐趣，获取知识，获取与社会交流的能力。

历史镜头

机会只会青睐有准备的人

客观地说，弘历之所以能得恩宠并当上皇帝，并不全是因为其皇祖父和皇父对他宠爱有加的缘故。突出的智慧、才华和学识才是他真正登上皇位的资本。他在皇祖父面前的乖巧聪明、在皇父面前的隐忍之术，也是他成功因素的之一。一个人如果没有才华，即使机会来了，也难以担当大任。才学、智慧是出人头地的关键。

雍正元年，朝廷选拔经术德行兼优的学者任诸皇子侍读，蔡世远奉诏入京，授为翰林编修，直上书房，侍诸皇子读书。不久，迁为侍讲。这一时期，他专心致志辅导弘历学习，很少参加廷议。蔡世远对弘历要求甚严，给弘历讲授四书五经及宋“五子”(即周、张、二程及朱)的理学，“必近而引之身心”，说明为人处事必须“设诚而致行”的道理。蔡世远讲书的方法为：师傅读一句，皇子照读一句，如此反复上口后，再读百遍，又与前四日生书共读百遍。凡在六日以前者，谓之熟书。约隔五日一复，周而复始，不有间断。

在读汉书方面，由汉文师傅教授，在儒学的范围下，以理学为基础。主要是以《四书》、《五经》、《资治通鉴》、《性理纲目》、《大学衍义》、《古文渊鉴》等书为教材，清代帝王圣训、世祖福临所辑之

《资政要览》等祖宗家训亦是必读之书。另外依各师傅的专长与意见，他们也会为皇子、皇孙或幼帝设计一些教材。

在骑射方面，弘历除了每日要拉弓练射之外，还参加皇家定期的围射活动，这些是让皇子们学习骑射并验收成果的场合。

弘历学习诸史及历代文学作品时，也抓住机会，努力学习，熟读古代文献，继承文化传统，开阔自己的视野，铭记世间哲理，了解万物的特性，使自己的学识深得祖父康熙的喜爱。

教育成果

谁不坐等机遇的馈赠，谁便征服了命运

康熙对弘历的宠爱影响是很大的，即使对胤禛不满的康熙诸子，对弘历也不得不另眼相看，加以厚待。弘历也承认："皇祖圣祖仁皇帝（即康熙）特命予随侍宫中，承欢侍颜之暇，每得追陪诸叔父，诸叔父推皇祖爱育之勤，咸美视予。"

虽说没有确切的资料来证明康熙帝是因为宠爱弘历而传位胤禛的，但有一点却比较明确，那就是，这种祖孙相悦的亲情使弘历在皇室和朝廷中具有了特殊地位。聪明过人的弘历在对待父亲胤禛的继位问题上表现得极为明智，在胤禛当上皇帝之后，他对社会上对其父亲合法性的怀疑，用康熙对自己的宠爱为证据加以驳斥，他说："皇祖之孙百余人，其中聪明才识，好学博闻，年长于弘历而任事于朝者，彬彬济济。弘历年甫弱龄，性复钝

鲁，顾特被恩宠迥异他人者，岂非我皇祖爱我皇父之心，比诸孙独挚乎？”

乾隆继位时，仍坚持祖父是因为宠爱自己才传位雍正之说。他说：“朕小时候承蒙皇祖厚爱，接在宫中培养，并多次听聆老人家的教诲，这说明皇祖早就对朕寄予厚望了。”

由于弘历少时的特殊经历，在雍正即位后，众臣普遍认为弘历是理所当然的皇位继承人。在雍正赐死儿子弘时之后，弘历便成了雍正最大的儿子，以中国封建时代立嫡立长的传统观念来看，弘历自然大有可能继承皇位。

弘历自小聪慧受皇祖父所爱，这段历史又是他极为重要的政治资本。当时，雍正的两个孩子弘历和弘昼同岁，但他只把弘历引荐给康熙，而弘昼却没有得到这种优遇，可见乾隆是为两代皇帝都宠爱的。

弘历能被雍正所喜爱，是不容易的，因为雍正皇帝曾不顾亲情置亲生子弘时于死地，可见他的反复无常。而弘历却能平安无事地从他十二岁被雍正密立为皇太子，并历经十三年没有改变，这在清朝历史上也是绝无仅有的。

有可能因弘历被皇祖康熙所爱，并由此对雍正的继位起了极大作用的缘故，弘历才被雍正尤其宠爱。弘历身为皇子，做事小心谨慎，当收到皇祖父康熙的赏赐时，总是要跑去送给父亲，让其珍藏。

雍正本人也不否认选弘历为皇位继承人与康熙有关，他在遗诏中说：“宝亲王皇四子弘历，秉性仁慈，居心孝友，圣祖皇考（即康熙）诸孙之中，最为钟爱，抚养宫中，恩逾常格。”所以，他在雍正元年便秘密立弘历为太子。虽然雍正实行了中国历史上第一次秘密建储制度，并未公布储君姓名，但许多人已认定未来的帝位非弘历莫属。

和硕亲王允礼就直言不讳，认为弘历承康熙、雍正之身教，为帝王之资，他曾称赞："皇四子幼侍圣祖仁皇帝，特荷慈眷，朝夕训练，且见我皇上视膳问安，致爱致敬，无事不与往圣同接，至性熏陶，耳德目染，由是体诸身心，发于言动者，不待模拟，自成方圆，夫圣经贤传所以勤勤勉勉，诱翼万世，其道无他，父子君臣之大伦而已，皇子性资乐善，于道德仁义之根源，既得之圣祖之渐涵，复申以皇上之教谕，而又切磋于师友，研极于诗书，早夜孜孜，日新其德，故发为文章，左右逢源，与道大适。"

这段话是说弘历如何好学而聪慧，并且秉承康熙、雍正之风，是一位能成大业的人。

弘历的弟弟弘昼也对哥哥极为佩服，他曾写道："吾兄随皇父在藩邸，朝夕共处，寝食相同。及皇祖见爱，养育宫中，格慎温恭，皇祖见之未尝不喜，皇父闻之亦未尝不乐。"从中可窥出弘昼对哥哥受优待也毫无芥蒂之心。

雍正八年，还是普通皇子的弘历所作的《乐善堂全集》写成，朝中的王公贵族和硕亲王允礼、庄亲王允禄、朔平郡王福彭、大学士鄂尔泰、张廷玉等纷纷为其作序，文中谀词充斥，虽未称弘历为皇太子，但实际上已把他当作皇太子来看待了。

雍正在世时，他的言语和行动已有意无意地透露了要重用弘历的决心。雍正元年正月，雍正单独召见弘历，并赐给他祭祀祖宗用的一小块牛肉，这种特殊的礼遇，非同寻常。

在此后不久，雍正又命弘历代替自己去祭礼皇祖康熙。当时乾隆才十三岁。他后来说："命予恭往代祭，实不无深意也。"

雍正不仅有意让弘历做太子，并且还常给他一些其他弟兄没有参加过的事情让他经受锻炼，为以后临政打下基础。一般来说，只要被封为皇太子了，就不能再封亲王之类，弘历在十三岁被密封为皇太子，但雍正仍封他为和硕宝亲王，意在“盖令备位藩封，谙习政事，以增广识见”。这就是说，雍正为了使乾隆进一步参领政事，增长才干而封他为宝亲王，并且还说明弘历很早就已被雍正所赏识并表现出了一定的才干。用雍正说过的话来证明，即：“皇四子素为皇考(康熙)钟爱，今年岁已二十外，学识增长，朕心嘉悦。”

和乾隆一块被封为亲王的弟弟弘昼，被封为和硕和亲王，从兄弟二人封号中的区别，“和硕宝亲王”和“和硕和亲王”，一个“宝”字，足可见雍正的用心。在被封为宝亲王后，弘历参加的各种礼仪活动大量增加，并且还参与了一定的政治军事活动，自然也了解了当朝大臣的各种事务。这充分说明此时乾隆已受到了真正的重视，并且对他的锻炼也收到了很好的效果。

现代教育点石成金

让孩子时刻准备好

一个人漫长的成长经历中，是否能适应社会，是否能更好地生存，很大程度上取决于他是否善于抓住机遇。机遇作为最重要的因素，通常对孩子的成长起着推动和催化的作用。

1996年全国十大杰出青年的颁奖晚会上，当主持人问及这十位人物：“对于今日的成就，你们都认为来这不易，那么你们认为人的一生中，机遇与实力哪个更重要呢？”答案出乎所有人的意料，有9人认为机遇重要，只有一人认为机遇与实力同样重要。

仔细想来，这样的答案也是情理之中，想芸芸众生，所谓杰出者，又岂能屈指可数的十人呢？比站在台上青年优秀者大有人在，而台上十人这所以站在台上，他们也无法不认为靠机遇，而非实力了。

从这个意义而言，机遇对一个人的成长则更显得重要。

父母应该经常这样告诉自己的孩子：机遇与他们的未来休戚相关，机遇是一个美丽而性情古怪的天使，她悄然降临在你身边，如果你稍不慎，她将翩然而去，不管你怎样扼腕叹息，她却从此杳无音讯，不再复返。

(1)不懈地努力是抓住机遇的前提

1856年，南北战争结束，上天赋予了卡耐基绝好的机会，他预料到，战争结束之后，经济复苏必然降临时，经济建设对于钢铁的需求量便会与日俱增。

于是，他义无反顾地辞去铁路部门报酬丰厚的工作，合并由他主持的两大公司——都市钢铁公司和独眼巨人钢铁公司，创立了联合钢铁公司。同时卡耐基让弟弟汤姆创立匹兹堡火车头制造公司和经营苏比略铁矿。

卡耐基认为，美洲大陆现在是钢铁时代、铁路时代，需要建造铁路，火车头和钢轨，钢铁是一本万利的。于是卡耐基开始了进攻。在联合制铁厂矗立了当时世界最大的一座高22.5米的熔矿炉，聘请化学专家驻厂，检验买进的矿石、龙石和焦炭的品质，使产品、零件及原材料的检验系统化，卡耐其的努力令许多人的担心成为“杞人忧天”。

1873年，经济大萧条不期而来，银行倒闭，证券交易所关门，各地的铁路工程支付款突然被中断，现场施工戛然而止，铁矿山及煤山相继歇业，匹兹堡的炉火也熄灭了。

卡耐基断言:只有在经济萧条的年代,才能以便宜的价格买到钢铁厂的建材,工资也相应便宜。其他钢铁公司相继倒闭,向钢铁挑战的东部企业家也已鸣金收兵,这正是千载难逢的好机会,绝对不可以失之交臂。于是他走进股东摩根的办公室,谈出了打算建造一个钢铁厂的计划,这一反常的做法,使其赢得了巨大的利润。

1890 年,卡耐基兄弟公司吞并了狄克钢铁公司之后,一举将资金增到 2500 万美元,取名为卡耐基钢铁公司,随后又更名为 VS 钢铁企业集团,建立了卡耐基钢铁王国。

卡耐基的成功与他善于抓住机遇是休戚相关的。卡耐基的成功无疑对每一位孩子都具有现实的教育意义。

如前所言,机遇其实是被人创造出来的。许多人不仅善于抓住机遇,更擅长创造机遇,他们总是在努力,总是在奋斗,开始时他们是在追寻机遇,而一旦当他们自身的实力积累到一定程度时,机遇便会自动登门拜访。而且,随着他们自身才能的不断提高,其所面临的发展机遇也会机应地有质和量的提高。可以说,没有他们这些主观的努力,就不会有那么多的良好的机遇。从这个角度上来说,机遇是那些有准备的人创造出来的,是对其努力的角度上来说,机遇是那些有准备的人创造出来的,是对其努力的一种肯定和回报。

所以,在孩子的成长历程中,每一天都要为随时可能到来的机遇做好准备,每一天都要对自己不停地重复:"今天,我要与别人竞争;今天,我要与自己竞争;今天,我要多学点东西;今天,我要打破昨天的纪录……"

(2)挖掘机遇的最大价值

对于一个优秀的孩子而言,光会发现和把握机遇还是远远不够的，还要学会把机遇发挥到最大值，充分利用机遇所带给自己的一切价值。有的人一生中曾有过许多很好的机遇，但他们不懂得充分利用这些机遇，结果丧失了使自己的事业“更上一层楼”的机会，也有的人抓住了机遇，但是并未理解到这一机遇的全内涵，因此他们有可能取得一定的成功，但仍不免留下遗憾。

纵观古今来诸多事例，我们不难发现：观对命运赋予的良机，只有勇于拼搏者才会取得成功，才可能把机遇所蕴含的价值发挥到最大限度。

在把握机遇的过程中，孩子们要学会敢闯敢拼，才会使他们能量上升到顶点，并克服那些平日看来难以克服的困难，从而使自己健康迅速地成长成才。如果退缩了、放弃了，便会使事情半途而废，把机遇白白浪费掉，其结果显而易见，在未来社会中即便不被淘汰，也注定是碌碌无为之辈。

机遇总是青睐那些有准备的人。家长应该教育孩子抓紧时间，增强自己的实力，不断培养自己良好的素质，准备着，一旦需要自己参与到社会的竞争中，就能够抓住时机，在竞争中抢得先机。

(3)准备不是守株待兔

从前，有一个周朝人，一直没有碰上被提拔任用的机会。这时，他年事已高，白发苍苍，便站在路旁哭泣。有人问他：“你为什么哭泣呢？”他抹了一把鼻涕回答：“我一直没有遇到提拔任用的机会，伤心自己年事已高错过了大好时机，所以哭泣。”路人又问：“你为什么一次都没有被提拔呢？”他停住了泪水终于说出原因：“我年轻时，学习做文官，文官方面的修养已经具备，刚要准备做官时，国君却喜欢任用老年人。后来，用老年人的君主死了，后主又喜欢用武将，我就改学武官，当武官的标准基本达到时,后主又死了。少主刚刚即位,就又欢喜年轻人,可我的年龄又老了。所以，我一次都没有遇到被提拔任用做官的机会啊！”

这些老先生的命运,令人同情,努力一生,也未跻上官阶。一生遇到三个机遇又都与他无缘。终于“年老白首,泣涕于途”。尽管他孜孜不倦地追求和勤勤奋奋地努力，但他却没有机智地把握好机遇，这就是他失败的原因。因为,愚蠢的人总是浪费掉机遇,消极的人只会等待机遇，平常的人能够把握住机遇，聪明的人善于创造出机遇。“周人”只能跟在形势的后面亦趋,只会等待机遇又总是浪费掉机遇，直至创造出机遇，以自己的努力和机智改变自己的命运，不仅做一个平常人，更要做一个聪明人。

(4)聪明者创造机遇

“过了这个村,没有这个店。”这是人们常说的一句古话,也道出了把握住机遇的必要性和紧迫性。《史记》里记叙了一则“卞庄刺虎“的故事,说明了聪明的人抓住矛盾焦点,往往能一举二得,事半功倍。

春秋时,鲁国有一个勇士叫卞庄。有一天,卞庄在一家旅店附近遇见两头恶虎争食一头牛。他想要刺杀老虎，旅店的仆人劝阻他说:“两只老虎正在吃一头牛,吃美味的食物，必然要争，一争定要斗，一斗就会大的受伤、小的被咬死。小虎死了,大虎也伤了,你再去刺杀受了伤的老虎,必然能获得杀死双虎的名声呀！”卞庄以为他说得很对,就站在那儿等待。过一会儿,两只老虎果然斗起来,大的果然受了伤,小的果真被咬死了。卞庄这时去刺杀了那只受伤的老虎，果然获得了捕杀双虎的威名。

引导孩子积极主动地把握机遇,也等于创造机遇。学会创造机遇,必须具备超前意识和远大见识,即在机遇来临前,便已意识到了看到了它的必然,不像“周人”那样只能跟着感觉走,而且“感觉”还是麻木的迟钝的。不能盲目浅见,也不能见利忘义,更不能损人利己。除升学外,还有不少成才的机遇,如孩子从事音乐、美术、体育、文学、艺术、发明、招飞、上技校、学农技等。孩子走上生活,步入成年,一生遇到的机遇一定不少,家长要教育孩子把握机遇,还要顺其自然地像“卞庄刺虎”那样,聪明地创造出新的机遇。

历史镜头

创新,平凡将不再平凡

汉景帝对太子刘彻的教育,有他特殊的想法。为了把太子刘彻培养成一个合格的皇帝,汉景帝给他特意选配了一位儒学大师卫绾。本来汉初至今,在道家黄老思想的影响下,几代君主都无一例外地提倡黄帝、老子之学,主张清静无为,因循守成。但是,景帝面对纷乱的国内外现状,隐隐感到无为而治的黄老之学已不能适应国家发展的需要。他很有远见地开始寄希望于儒家学说。为此,他决定把对儒家学说有着深湛修养的、为人行为端正的卫绾,选作太子刘彻的老师。父亲的教育观念的转变给刘彻上了一课,这是汉景帝在教育观念上的一次

创新。

刘彻是个好学上进的皇太子。卫绾对刘彻的提问有问必答，启发刘彻从多方面考虑问题，这间接地激发了刘彻内心的创新意识。刘彻深知"苟下学之功，日进不息，久则可以上达也"的道理，学习更加刻苦用功，坚持不懈。

为了开启刘彻的创新思维，卫绾给刘彻出了一个题目：假如有一把梳子，你怎么卖给和尚？并且要说出能说服人的理由。

这下可难倒刘彻了："梳子是用来梳头的，和尚没有头发，要梳子干什么？即算是不要钱送给他，他也有可能不会要呀！"

"聪明的人认为，如果承认已经被别人承认过的真理，就会使自己丧失独创性，这是最大的错误。仔细想想，你会有办法的。"

刘彻为了这个事情想了整整一天，想了几种方法：其一，卖给和尚搔痒；其二，是卖给和尚梳胡须；其三，是要和尚卖给香客。因为香客旅途劳顿，难免头发有点乱，这是对佛的不敬，所以用梳子给他们梳理头发。

卫绾被刘彻的创新答案惊呆了，他想不到刘彻居然想得这么深远。按照常人的想法是不可能的事，在他的口中是那么地顺理成章。卫绾说："掌握好现有的知识，又不为之束缚，才能有效的创新。今后的日子还长，事情会更多，我们需要不断地创新，突破已有的框架。"

刘彻的兴趣十分广泛，他学黄老，习儒术，调丝竹，作辞赋和舞刀剑。他胸襟开阔，广结良友。他作为皇太子，平时学习父皇如何理政，也注意观察大臣的举止言行。为将来顺利接班，他作着全面的准备。武帝的学习范围很广，包括了骑马、射箭和经学与文学。

汉武帝，这位被班固称之为"雄才大略"的人物，为这个皇朝开辟了崭新的局面。

有勇气在自己的生活中尝试解决人生新问题的人，正是那些臻于伟大的人，那些仅仅循规蹈矩过活的人，只是在使社会得以维持下去。

教育成果

独辟蹊径，不要在街道上挤来挤去

汉武帝具有超越历史的雄才大略，是一位战略和外交设计的奇才。这种天才使他能运筹帷幄而决胜万里，其武功成就，则足以使西方汉尼拔、亚历山大、拿破仑等驰骋于疆场的将帅黯然失色。

汉武帝时期的西汉帝国，是当时世界上最强大的国家，在中国历史上，也是比较强盛的时期。在历代王朝的历史上，有“汉唐盛世”之说。这里的“汉”，主要是指的汉武帝时期。汉武帝在位的半个多世纪中，中国又处在充满生机活力的改革与发展时代。汉武帝本人也是个富于创新精神的人，所以那个时期有许多创新都出自这位旷世帝王的手中：

1. 汉武帝是第一位使用年号的皇帝，先是六年一个年号，后来四年一个年号。

2. 汉武帝是第一位在统一的国家制定、颁布太初历的皇帝，以正月为岁首这一点，一直用到现在。

3. 举贤良方正直言极谏之士对策，武帝亲自策问，选拔人才做官。后世科举之制始于此。

4. 汉武帝独尊儒术，以儒家思想作为国家的统治思想始于此。

5. 汉武帝派张骞通西域，打通了丝绸之路，促进了中、西双方的经济、文化交流。这在中国史上属首次。

6. 汉武帝元封六年(前105)以宗世女细君为公主嫁乌孙和亲。这是中国历史上首次与西域国家和亲。

7. 从西域引进葡萄、苜蓿种植,从大宛引进了良种马——天马,西域的乐曲、魔术传至中国,中国的铸铁技术、丝织品、漆器传至大宛等地。

8. 汉武帝外施仁义,实行德治;同时又重视法治,用严刑峻法治理国家。这在历史上也是首次。

9. 为加强皇权,改革丞相制度,设立中朝(内朝),对后来的丞相制度演变发生了重大影响。

10. 元鼎二年(公元前115年)禁郡国铸钱,专令国家所属上林三官铸钱,非三官钱不得流通,郡国以前所铸钱皆废销。从此国家垄断了铸造钱币的权力, 对后世影响重大。

11. 汉武帝通过大量移民在西北边郡屯田, 这对反击匈奴战争的胜利、经营西域起了重大作用。对后世也有重大影响,曹操在《置屯田令》中曾说"孝武以屯田定西域,此先代之良式也",就说明了这一点。

12. 汉武帝时任用官吏是多元化的。二千石以上官吏可通过任子制度使子孙当官;有钱人可通过"赀选"当官;先贤的后裔可以受照顾,如贾谊的两个儿子就被关照当了郡守。然而,尤为突出的是武帝用人惟才是举、不拘一格。如皇后卫子夫是从奴婢中选拔出来的。卫青、霍去病分别是从奴仆和奴产子中选拔出来的。而丞相公孙弘、御史大夫儿宽,以及严助、朱买臣等人都是从贫苦平民中选拔上来的;御史大夫张汤、杜周和廷尉赵禹则是从小吏中选拔出来的。尤其值得注意的是汉武帝任用的一些将军是越人、匈奴人。而金日磾这样一位匈奴的俘虏在宫中养马的奴隶,竟然与霍光、上官桀一齐被选拔为托孤的重臣。这些情况说明汉武帝选拔人才是不受阶级出身与民族差别限制的。然而，这不是说汉武帝用人没有标准，标准还是有的，标准就是“博开艺能之路，悉延百端之学”，“州郡察吏民有茂材异者，可为将相及使绝国者”。这就是说，只要愿为汉朝事业奋斗，有艺能、有才干的人，能为将相和可以出使遥远国度的人都可任用。一句话，用人的标准是惟才是举。正因如此，汉武帝时人才济济。班固就惊叹地说：“汉之得人，于此为盛！”这种现象的出现是值得认真研究的。

13. 汉武帝是中国历史上第一位提出要北方游牧民族——匈奴臣服于中原王朝的皇帝，为此又在今内蒙筑受降城。武帝生前虽未达此目的，但在宣、元时期，匈奴归服汉朝为藩臣。

14. 李广利伐大宛后，西域南道诸国多臣服于汉，宣帝神爵二年（前60年），匈奴日逐王降汉，匈奴不敢争西域，罢僮仆都尉。宣帝任命郑吉为西域督护，管理西域南、北道诸国，西域诸国臣服于汉。这在中国历史上是首次。

当汉武帝年少时，读到匈奴大单于写给当朝吕后的带有极大侮辱性的信后，立志要消灭匈奴。然而，汉朝在军事力量上与匈奴相差很大。首先是战马。一是匈奴草原马的品种优于汉朝。二是匈奴人视战马如兄弟，认为男人一生的最大幸福就是在马背上，所以非常爱惜战马，精心饲养，马的战斗力强于汉马。其次是武器。匈奴人高级别将领佩戴的军刀是精钢宝刀，锋利无比、削铁如泥，而汉人佩戴的刀剑在精钢宝刀面前不堪一击。再次是战术。匈奴人过着游牧生活，常年生活在马背上，随时可以投入战斗，而且常年在草原生活，在与草原狼的抗争中，已经形成了一套较好的骑兵战术。而汉朝军队不习惯在草原作战，战术呆板、单一。最后是战略。匈奴人的战略思路是进攻，而汉朝在多年“清净无为”的文化氛围中形成了以防守为主的战略思路，这将导致战争局面上的被动。

汉武帝正是认真分析了这些诸多劣势，以匈奴为标杆，开始励精图治，构建了学习能力极强的汉军队伍。他首先通过引进匈奴种马来改良马匹，并且以身作则爱护马匹，颁布法令鼓励养马，不得伤害战马。而且在此基础上进行了创新，用粟米喂马，完全扭转了汉朝在战马上的劣势。接着，他派张骞出使西域，学到了精钢宝刀的炼制办法，并且还将士兵的弓箭改良为弩箭，使汉军的武器装备大大超过了匈奴。然后，他利用投降的匈奴将领训练汉朝骑兵，使汉军学到并掌握了草原上的战术和草原生活的技巧。最后，他变被动防守为主动出击，最终将匈奴赶走，创建了持续几十年的和平局面。通过一系列的创新，汉武大帝实现了平生的夙愿，也给我们后人，给我们民族留下了极大的启发和宝贵的财富。

现代教育
点石成金

给孩子留下一片天空

家长应该留给孩子发展创造力的空间。当孩子刚学会蹒跚走路，有一天妈妈非要给她戴上手套，孩子说："手套令我的手感到悲伤。"父母们碰到这种情况往往只会说："多有意思的感觉。"但心理学家却可能把孩子的这句话作为儿童创造力的一个例子：以不同寻常的方式看待问题。大多数父母在养育孩子时都会发现一个现象：婴幼儿在重新发现和重复发明成人熟视无睹的一切，他们的生活是由一系列有待解决的有趣问题组成的。可以说，创造性是他们的天性。

(1)把犯错误看作积累经验的途径

孩子们在尝试新事物时往往会犯错误，但有创造性的人视犯错误为积累经验的途径，他们能够“吃一堑，长一智”。对孩子来说，如果他们经常置于有得有失的环境中，那么犯错误有助于他们的成长，可以刺激他们下次做得更好。竞争的好处在于因为只有一个人能够获胜，所以它将促使孩子尽快找到“正确”的办法。父母可以通过为孩子提供令他们感到新鲜的原材料，帮助孩子发展创造力和处理问题的灵活性。

(2)正确看待异想天开的思维

成人的思维已被岁月磨去了棱角和想象的空间，形成了定势，而孩子的思维则不需“前怕狼后怕虎”，其异想天开的思维正是开掘创新潜能的前提和基础。

儿童的天性是喜好创新的，即使是在他们被沉重的学业压得喘不过气来的时候。据《文汇报》报道，在孩子们嬉闹时，记者不经意间听到了一首首令人深省的“新儿歌”：“书包最重的人是我，作业最多的人是我，起得最早的、睡得最晚的，是我是我还是我。”当然，这不是个儿童喜好创新的典型案例，但我们看到了带泪的苦笑，透过这些顺口溜歌谣的“发泄”，我们应把握孩子们共同的体验、意识倾向和呼喊。应试教育已走到了极端，家庭再不要从畸变的学校手中接过应考压力传到孩子稚嫩的肩膀上，而应全力驶上素质教育的轨道。

(3)培养孩子的创新意识和能力

在家庭中培养孩子的创新意识和能力，首先应树立现代家庭教育观。需知:是否重视创新能力的培养,是传统教育与现代教育的根本区别之一。家庭应以培养社会适应素质和创新能力为目标。其次要建立平等和谐的亲子关系,在家庭营造一个支持性的学习、生活环境,使孩子形成创新的心理愿望和性格特征。第三,要学习掌握一些培养孩子创新意识和能力的有效方法,例如,讲创造发明家故事,支持孩子异想天开,鼓励孩子多向思维,引导孩子善于观察、善于动手实践等等。

(4)善待孩子的质疑

在培养孩子创新能力的过程中,特别要保护和发展孩子的想象力,善待孩子的质疑。丰富的想像力是人们漫游科学天空的强劲翅膀,是孕育探索未知世界的摇篮。家长应当注意保护和满足孩子的好奇心和求知欲,妥善地解决他们心中的疑问,并以孩子的质疑为突破口,捕捉他们“智慧的火花”与“灵感”,及时给予鼓励和肯定,使孩子勇于质疑,善于质疑,树立“不惟书、不惟上”的探求精神。

研究人员桑得拉·鲁斯总结说:“那些早期就有机会进行独创性游戏的孩子,长大后可以更加容易也更好的解决日常生活中的各种问题。”

因此,在家庭教育中,现代家长要特别重视对孩子独创性的培育。但在现实生活中,由于幼稚和缺乏经验,孩子的种种创造性表现常常与错误、缺陷、顽皮、任性等相联系,这使得一部分家长常常产生错觉,并会在言语上、行动上、不自觉地压抑甚至扼杀孩子创造性的萌芽。

在一次画示范画的活动中,有个孩子画好了一个小朋友之后,旁边又加了一团黑色。画完后,家长问:“这是什么乱七八糟的东西?”孩子回答:“小朋友的影子。”“谁叫你画的,你没看见我就画了一个小朋友吗?”孩子看看范画,再看看家长严肃的脸,呆呆地点了点头,并顺从地用涂改液把“小朋友的影子”涂抹掉了。

上述现象,表面看来是要求孩子学习范画,遵循常规,实际上却扼杀了孩子的创造性思维,其结果只能是养成孩子墨守成规的习惯。多可惜啊,这位家长错过了一次鼓励孩子创造性表现的机会。

现代家长应站在孩子的立场上,正确对待孩子的创新求异,多给孩子创造“犯错”的条件和机会,使孩子成为勇于尝试、探索,在失败和挫折面前不气馁,并成为不断进取的、具有积极健康心理的创新型人才。

历史镜头

聪明而愚,其大智也

刘备小时候与母亲贩履织席为生。他所住的草屋东南角篱笆边有一颗高五丈的桑树,遥望像个车盖,往来的人都奇怪此树非凡的姿态,有的就说此地当出贵人。刘备与其他的小孩子在树下游戏时说:“我将来必定乘这样的羽葆盖车。”羽葆盖车是皇帝才可以乘坐的,叔父刘子敬告诫刘备说:“你这样胡说,难道要灭我们全家么?做人要知道把自己的锋芒收敛起来,要做到大智若愚,这样才能保全自己,使自己避免不必要伤害。”

刘备觉得叔叔的话很有道理,于是铭记在心。后来刘备拜一代大儒郑玄为师。郑玄对这个能耐心听讲的学子的虔诚十分满意。郑玄对刘备说:“你有如此的德才,必定为朝廷所用,我赠你一句话:不知命,无以为君子也;

不知礼，无以立也；不知言，无以知人也。”刘备不喜欢说话，喜怒不形于色，好交结豪侠，乡里的少年都依附他。这时的教育为他以后的三分天下打好了基础。

郑玄还教育刘备弘扬水的精神。《老子》里说：上善若水。水善利万物而不争。处众人之所恶，故几于道。居善地，心善渊，与善仁，言善信，正善治，尹善能，动善时。夫惟不争，故无忧。老子认为，有道德的上善之人，有像水一样的柔性。水的柔性是怎样的呢？水性柔顺，明能照物，滋养万物而不与万物相争，有功于万物而又甘心屈尊于万物之下。正因为这样，有道德的人，效法水的柔性，温良谦让，广泛施恩却不奢望报答。

水的精神，其实是一种处世哲学，做人要与水一样，有极大的可塑性。水性柔而能变形：在海洋中是海洋之形，在江河中是江河之形，在杯盆中是杯盆之形，在瓶罐中是瓶罐之形。

老子说：“知不知，上也；不知知，病也。”

这是说人完全了解大道，却表现得好像并不了解一样，才是最高明的。根本不了解大道，而自炫自耀，表现出好像已经完全了解一样，这就是毛病。

真正的智者应该学会隐匿自己的智慧之光，善于韬光养晦。那些爱炫耀自己的聪明，甚至惟我独尊的人，绝不是真正的智者，真正的智者决不去任意显露自己的聪明。自然，那些爱耍小聪明的人更说不上是智者了。

《菜根谭》中也提出了：“鹰立如睡，虎行似病，正是他攫取噬人手段处。故君子要聪明不露，才华不逞，才有肩鸿任巨的力量。”

一个君子要能够不显露自己的聪明，不夸耀自己的才华，才能肩负重责大任。隐藏起“智”而磨练成“德”，一位明智的领导者须有如此的智慧。

刘备在老师的指导下，渐渐地培养出自己的帝王气质，学会了韬光养晦，学会了隐匿锋芒，为将来的三分天下奠定了领导基础。

现代教育
点石成金

大智若愚信如神

著名的“煮酒论英雄”的故事，充分显示了刘备大智若愚的智慧。

刘备被吕布夺去徐州领地后，曾投奔曹操。曹操欣赏他的才华，想重用他，便极力善待他。

以刘备的为人，决非久居人下之人。投靠曹操，实属迫于形势，无奈而为之。他深知，曹操虽然善待他，但对他并不信任，便在住处后园种菜，亲自浇灌，行韬晦之计，以逃避曹操可能加予的迫害。关羽、张飞不能理解，问：“兄长不留心天下大事，而学小人之事，是为什么呢？”

“这事不是二位兄弟所能知道的。”刘备答道。

一天，刘备一人正在后园浇莱，忽有使者传曹操相邀，心中顿时忐忑不安：“不知曹操又要耍什么花招。”

刘备心中这样揣度着，走到了曹府。曹操笑着迎他至后园凉亭。亭中已设酒宴。二人对坐，开怀畅饮。

酒酣耳热之际，天上忽然阴云密布，眼看骤雨将至。曹操这时突然问道：“玄德兄久历四方，一定知道当今英雄，请试着指说一下。”

刘备说：“我因为您的恩庇，方能在朝中任职。天下的英雄，实在有所不知。”

“就是没有见过面，至少也该听到他们的名字吧！”

“淮南的袁术，兵粮足备，可称为英雄？”刘备说。

"他像棺材中的枯骨,我早晚一定要生擒他!"曹操笑着说。

"河北袁绍,是公卿名门出身,如虎踞冀州之地,部下有许多能干的人,可称作英雄?"

"袁绍色厉胆薄,好谋无断;干大事而惜身,见小利而忘命,也不是英雄!"

"那么,威镇九州的刘表,可是英雄?"

"刘表虚名无实,哪算得上是英雄?"

"血气方刚的江东领袖孙策,该算得上英雄吧!"

"孙策靠他的父亲才立命于江东,也不是英雄。"

"刘璋、张绣、张鲁、韩遂等辈怎么样呢?"

"此等碌碌小人,何足挂齿!"曹操鼓掌大笑着说。

"除了这些之外,我实在不知还有何人。"刘备说。

曹操说:"今天下英雄,惟使君与操耳!"

刘备听了,心中暗惊,手中所执筷子,不觉落于地下。正好此时传来一阵震耳欲聋的雷鸣,刘备即刻掩饰说:"震耳的雷声使我如此失态,请你原谅。"

曹操反问道:"大丈夫难道还害怕雷声吗?"

刘备答道:"古人说:迅雷风烈,必定要改变容色,敬畏上天。怎么会不害怕呢?"

曹操听了,心中放心了许多:看来刘备并不是什么英雄豪杰,亦是庸碌之辈罢了。于是放松了对刘备的戒备之心。

刘备出色的韬晦之术成功地保全了自己的性命。

作为领导者,在面对对手或统领的部下时,应做到外晦而内明,就是说,看起来显得愚蠢糊涂,而内心则保持绝对的清明。目有所不见,但明亮的眼睛不会受到蒙蔽;耳有所不听,但耳聪不可受到遮掩;心有所不虑,但明慧之心不可乱。

一些人,常常为一己之聪明而沾沾自喜,以为自己是天下最聪明的人，盲目自崇，轻视他人，岂不知这种聪明，恰恰是愚蠢的表现！就算是聪明，充其量也不过是三流、四流的聪明罢了！

现代教育
点石成金

培养孩子的内在智能

精明人，精于打算，往往脑瓜灵，嘴也灵，能说会道，人前人后显白，事事想占先，好占便宜，"凭什么让我吃亏了"是这类人的口头禅。耍小聪明，搞小动作，拨弄是非，是这类人的特长。精明人往往才华外显，锋芒毕露，好斗，喜怒形于色。他们一般自我感觉良好，时有才高八斗、怀才不遇的冲动，容易患得患失，情绪波动很大。这类人几乎随处可见，他们是生活中活跃的一群。典型代表，如取经路上那位爱闹腾、好耍小聪明的八戒，红楼梦里算尽机关、出尽风头的凤姐。

聪明人则大都才华不外露，锋芒内敛；善于权大小，重长远，趋大利，不争一时的先后、长短；善于控制、调节自己，目光远大，自信心强；有本事，有人格魅力；团体意识强，人际关系一般不错。聪明人总是少数，是人群中的中坚力量，甚至是核心分子。三国赵云，智勇双全，却没有关羽，张飞那样的逼人露锋芒。东吴陆逊，文弱书生，名不见经传，却是帅才，临危受命，一战功成。

明白人更少。这类人往往大智若愚，善于藏拙，真人不露相。明白人能独善其身，世事通晓，性格豁达，淡泊明志，进退自如，宠辱不惊，生死泰然，心静如水。后期的贾宝玉，看破红尘，知道自己从哪里来，到哪里去，对十二姐妹的归宿亦了然于心。对另边发生的一切，处之泰

然，视功名利禄如粪土，不与世俗同流，在浑浊混沌的大观园，惟一清醒的，独宝玉而已。（鲁迅语）

精明人一般与生俱来，天生就显得灵气。凤姐没上过一天学，大字不识两个，全凭从小就有一万个心眼活跃在贾府。聪明人大都与后天的学习修炼有关，是天才加勤奋的结果。明白人往往是历经沧桑，阅尽人间，悟透人生。富克兰林说自己“20岁时受意志的支配，30岁时受机智的支配，40岁时受判断的支配”。意志带有天生的成分，机智当然是聪明的表现了。老子说，知人者智，自知者明。“明白”是人生的最高境界，许多英雄人物，天才巨星终其一生也难企及。

一流未必有用，有用必定一流，希望社会不要充斥着一流而无用的人。

有用的孩子或许他们很质朴，但他们会像金庸笔下的周伯通般“大智若愚”。

有位哲学家说：教孩子要读两本书：一本是自己，一本叫做自然。希望孩子能够来阅读这两本书，不单用眼睛。

第一本书读自己，就是指兴趣、性向、能耐，能够演活自己，演好自己的人生（拥有自身独特性）。有些人是大器晚成者，例如非洲之父史怀哲，他考不上大学，后来是因为拉了一手好手风琴，一位校长破例让他在该校读书，他主修历史，自修文学，30岁的时候才念医科，38岁毕业。老顽童刘其伟，他有许多头衔，工程师、人类学家、冒险家、画家，他在38岁才开始画画，66岁成名，他的一生活得丰富而精采！

因此，有的人是大器晚成，有的人生是柳暗花明又一村，有时路转个弯会更好，成功需要时间，当累积到很丰富时，成功就会来到，就会水到渠成。

很多人，小时了了大未必佳，因为他提早将自己的日月精华用光了；如果2岁就会吊单杠反而对他的身体发展会有害处。

记得有个长跑选手蒲仲强很早受瞩目却不能长久，有人提早上大学，但他们几乎没有童年的生活。例如：有个人12岁上哈佛大学、16岁毕业考上普林斯顿研究所，记者问他："你在哈佛最大的经验是什么？"他回答："除了寂寞，还是寂寞。"

因此，我们不要用大人的角度来要求孩子，时候到了就会水到渠成，该你的就是你的！

第二本书是大自然，不要只是教孩子看书，要多带孩子看山看水，看古道幽径星星月亮，从自然中可以学习到很多书本学不到的东西。

第五章

激情成就梦想

万物皆有激情，并因激情而更加美丽、更具风采：鲜花是植物的激情，风儿是空气的激情，霞光是早晨的激情，波涛是河流的激情，雷电是云朵激情，奔马是草原的激情……作为万物之灵的人，怎能没有激情？

历史镜头

少什么也不能少激情

翁同和在晚清宦海沉浮半个世纪，而参与或主持晚清宫廷教育近30年。翁同和从1865年开始至1874年在弘德殿行走，授读同治帝；1876年到1896年又在毓庆宫行走，授读光绪帝。特别是1883年7月，西太后面谕翁同和：此后“书房汝等主之”。可以说，这以后10多年的宫廷教育主要由翁同和来主持。

翁同和根据变化的客观情况和社会形势对宫廷教育进行了改革。同治以前，朝廷聘选师傅入值上书房，教授的对象为皇子皇孙，而翁同和在弘德殿、毓庆宫行走，教授的却是已登皇位的新帝。当时的中国内忧外患，危机四伏，外衅威迫，四邻交逼，险象环生，瓜分豆剖之祸迫在眉睫。翁同和忠君爱国，苦心焦虑，为把同治，特别是光绪帝培养成能挽救民族危亡、斡旋天地、中兴天下的有为皇帝，认为传统的教育方法和教育内容已不完全适应了。

翁同和根据同治帝、光绪帝任性、多病，对传统授课方式产生厌学的情况，为了激活他们的激情，于是对教学方法进行调整。

由浅入深，灌输与启发并重。翁同和给同治帝授读《帝鉴图说》，一改倭仁、徐桐等既晦涩又呆板的讲课方式，把课讲得明白透彻、浅显易懂、通畅生动，同治帝听得颇有兴趣。为提高同治帝阅读古文的能力，特别是文言虚词的使用，翁同和将常用文言虚词集录成册，附上例文注释，供同治帝阅看。翁同和给同治帝选讲《帝鉴图说》一书中的有关章节，并把所讲内容与现实社会政治结合起来，对同治帝的长进起了一定作用。如同治帝在听了《唐宪宗却贡》一节后表示："贡献皆取之于民，吾亲政后，当效法宪宗，不受贡物。"翁同和针对光绪帝爱看图画一类的书，就经常寻购图文并茂、通俗易懂的书画呈送光绪帝阅读，如在上海购买法国冕西士加尼编写的《探路记》汉译插图本呈送光绪帝观看，既激发其读书兴趣，又帮助其提高胆量。

以情动人，宽严适度，表扬为主。翁同和反对以罚代教的传统方法，指出授书"宜顺不宜逆，宜静不宜淑"，"发声惩色终究无益"，主张"顺势劝诱"。既在学习上严格要求，又在生活上体贴关心，使师生之间的关系由对立而融洽。当皇帝精神疲倦、读书无力时，就中辍进讲，让皇帝休息活动片刻，以消除疲劳。一次，光绪因腹疼，未进早膳就进房读书，翁同和得知后立即提前下课，让其用膳，并大大表扬了光绪帝一番，给光绪帝以温暖和鼓励。翁同和的教育方式，同治、光绪乐于接受，引起了同治、光绪对汉功课的重视，激发了他俩学习汉功课的积极性。可见，翁同和对教育方法的改革是成功的。

翁同和从新的经世思想出发，为使光绪帝从皇帝是中国的核心、中国是世界的核心的"天朝上国"的传统的闭关自守思想中解脱出来，面向世界，了解世界，把光绪帝培养成为有抱负、有作为的能重振皇纲、挽救危局的君主，对宫廷教育的内容进行了调整与改革。

翁同和在传统的教育内容方面，精心安排了有关儒家经典、帝王之学和中国历史方面的课程和帝德教育。翁同和选讲的儒家经典为《大学》、《中庸》、《孟子》和六经等绝大部分是今文经籍，内含改革进取思想，它们同现实政治较接近，这反映了翁同和的政治思想和教育思想倾向。安排的帝王之学和中国历史方面的课程，有《帝鉴图说》、《稽古录》、《通鉴辑览》、《圣武记》、《九朝东华录》、《圣祖圣训》等。《圣武记》为魏源对清政府签订《南京条约》而感愤所作，记述清王朝自开国至道光年间重大的军事活动，颂扬盛世武功，以推求盛衰之理，策划海防之策及练兵筹饷之道，并提出要战胜西方侵略者必须了解西方，发愤图强振兴武备的观点。翁同和进讲上述诸书的目的，就是要光绪帝认真借鉴历代帝王统治成败得失的经验教训，继承祖辈艰苦创业的奋斗精神，弘扬祖德，挽救颓势，振兴国家。另外，翁同和面对19世纪后期日趋腐朽没落的大清帝国已处于风雨飘摇之中，列强入侵、国势渐危的现实，竭忠尽智，审时度势，“对西方的进步学说采取积极态度”，“知西法不能不用，大搜时务书而考求之”。经征得慈禧的同意，在给光绪帝开设的课程中和开列的课外阅读书籍中，他增加了大量经世致用的教育内容。这些功课的设置，使得光绪帝对清朝有了新的认识，激发了他追求变革、奋发图强的激情。

如此丰富多彩、贴近时代实际的教育内容，拓宽了光绪帝的视野，增加了光绪帝对全国和当时整个世界的了解，激发了光绪帝对洋务和西学的极大兴趣。光绪帝从翁同和那里，不仅学到了中华传统文化，而且接受了西方文化，并孕育着向西方学习、改革维新的思想。

教育成果

激情是发自内心的声音

1894年中日战争爆发后，光绪出于对国家前途的忧虑，“一力主战”，竭力筹划备战之策。他一面“请停颐和园工程以充军费”；一面严令李鸿章认真备战。6月25日下谕旨对李鸿章进行斥责，指出“前李鸿章不欲多派兵队，原虑衅自我开”，现在“势甚急迫……李鸿章身膺重任，熟悉倭韩情势，着即妥筹办法”。并提醒李鸿章“俄使喀希呢留津商办，究竟彼国有无助我收场之策，抑另有窥觑别谋？李鸿章当沉几审察，勿致堕其术中，是为至要”。

7月1日，光绪再次通过军机处谕令李鸿章备战：“现在倭焰愈炽，朝鲜受其迫胁，势甚岌岌，他国劝阻亦徒托之空言，将有决裂之势。……我战守之兵及粮饷军火，必须事事筹备确有把握，方不致临时诸形制肘，贻误事机。”并指出：南洋各海口均至关重要，台湾又孤悬海外，日本必为垂涎，命令各督抚“预为筹备，勿稍大意”。

7月4日，光绪又针对李鸿章乞求英国领事转请英外交部派舰队赴日“勒令撤兵一节”，发出旨意：“倭人肇衅，挟制朝鲜，倘致势难收束，中朝自应大张挞伐，不宜借助他邦，至异日别生枝节”。并告诫李鸿章，这种“示弱于人”的做法，易生后患，“著勿庸议”。14日再谕李鸿章：“倭人以重兵胁制朝鲜，虽与商议撤兵，久未就绪，和议恐不足恃，亟应速筹战备，以杜狡谋。前经叠谕李鸿章先事预筹，毋致落人后著。现在事机紧迫，著李鸿章速为筹备，先派一军由陆路前往边境驻扎，以待进发。”“沿海各口，如旅顺、大连湾、威海卫等处，皆关重要，如何布置，均应逐一妥筹。其军火、器械、粮饷一切，均应日办齐，先期给发，方不致仓促误事。”

光绪帝19岁亲政，他富有年轻人的进取精神。甲午战争后，中国民族危机日益加重，光绪帝受维新思潮推动，深知“非变法不能立国”，决心改革。他愿意接受新思想，“不甘作亡国之君”，积极支持变法，一度成为维新派心中的“救世主”。但变法危及封建守旧势力的利益，遭到以慈禧为主的清室贵族的阻挠。

光绪二十四年四月二十三日，光绪皇帝采纳康有为、梁启超等人的主张，下诏定国是，颁布维新法令，推行新政。主要内容有：经济方面提倡实业，设立农工商总局和矿务铁路总局，兴办农会和商会，修筑铁路，开采矿产；设立全国邮政局，裁撤驿站；创办国家银行，编制国家预算；取消满人特权，准其自谋生计。军事方面裁减绿营，精练陆海军，筹办兵工厂，培养海军人才；文教方面，开办京师大学堂，各地设立兼学中学西学的学校；设立译书局、编译局，奖励著作，允准自由开设报馆、学会；派人出国留学、游历。政治方面删改则例，裁减冗员；撤销无事可办的衙门；广开言论，提倡官兵上书言事等。

别把孩子当木偶

观察一下我们的孩子，就不难发现，现在的物质生活是越来越充裕了，可孩子原有的激情世界却被淹没了；精神生活是更丰富多彩了，可孩子应有的活泼个性却被磨平了。在这过于安静的背后，是否这一代人真的丧失了活泼的天性？我们该怎样去激活孩子的激情？

玩耍嬉戏、激情洋溢是孩子的本性。回顾我们的童年，玩得多开心呀：赤脚下溪摸虾捉鱼，光背上山扑蝶采花，我们会为摔跤争王而齐声助威，会为“跳房子”称霸而欢呼雀跃。疯够了闹累了，回到家里就吃得香睡得甜，没一点精神负担。

看看现在的孩子，吃得精了穿得好了，玩的东西也比过去又好又多，可日子却没我们那时的穷孩子过得有趣。其实，他们骨子里并不缺活泼的天性，只是缺少释放激情的土壤。你看,在学校有堆积如山的课堂作业,放学回家有做不完的家庭作业,假期家长还要请家教补习功课强迫灌输,即使有那么一两次玩的机会,家长也要让其玩后写篇日记,还美其名曰“寓教于乐”。孩子生活在一举一动都要大人安排、社会有意无意束缚的环境中,他们的激情欲、好奇心如何能得到体现?个性的发育怎能不受到压抑?处于没有人身自由中成长的孩子,不变成个呆板的“小老头”那才怪呢。

应当看到,玩耍也是孩子接触社会了解世界的必要一课。孩子在玩中可以懂得友谊、学会相处,能享受成功体验失败,在玩中可学会遵守规则尊重他人,玩更能让孩子动作敏捷机智灵活。一个成长中的孩子,只有保持对事物强烈的好奇心和兴奋度,能随时随地喜形于色喜出望外,才能对世界万物产生高度的兴趣,他们的激情才能激活起来。有道是“庭前能养千里马,花盆长不了万年松”。做家长的应珍爱孩子的天性,让他们少一些束缚多一些宽松,少一点压抑多一点激情,让孩子在激情的激发下健康地成长。

(1)激活孩子的激情

要给孩子一颗激情燃烧的心,我们家长必须首先是一团烈焰,是燃烧的火种,是激情的源泉。我们必须拥有一份对生命的热情,对美丽的敏感。无论我们的人生曾经遭遇什么,当我们面对孩子的时候,我们只能选择笑脸、选择热情、选择期许与交流的眼神,让我们生命的那份炽热深深地感染孩子,燃起他们对生命的热情,对真情的感动。

我们不是无所不能的上帝,可是我们可以用激情去唤醒激情,用炽热去点燃热情,竭尽所能给孩子一颗激情燃烧的心。当我们看到“激情燃烧”在孩子心中生根、发芽的时候，就会知道什么是暖，什么是作为一名家长的骄傲。

(2)孩子不是木偶

现在已经很少看到木偶戏了。演木偶戏的时候，常常把很小的戏台下面用布围起来，不让人看到木偶的操作者如何在那里表演。一些淘气的孩子却偏要戳穿那些木偶人又唱又打又翻跟头的秘密，于是就想办法钻进围着的布帐里，于是一切秘密都被揭穿了，于是他们大感失望，再不感到木偶的神秘了。

木偶的操纵者在表演的时候和戏剧演员几乎没有什么差别，只是他们不在台上，而是在台下。他们也不用化妆，也不用穿戏装。但是唱、做、念、打，一招一式都做得十分认真，十分到位。可是，不管他们怎么努力，即便使尽浑身解数，他们手中的木偶仍然是面无表情，动作也十分僵硬。

在孩子的情感智慧和情感表达的培养训练方面，也有一些父母实际上是把孩子当作了木偶，总是在那里设法操纵。这些父母对孩子的一言一行都不放心。该笑的时候不让孩子笑，该怒的时候不让孩子怒，该哭的时候不让孩子哭，使孩子不知道自己到底应当怎样表达自己的情感，什么时候表达什么样的情感。在这一点上，他们还不如那些木偶操作者。木偶的操作者极力想让手中的木偶能哭笑自如，但却不能。而这些父母却不让自己的孩子哭笑自如，而要由自己的意愿来决定。

有一次，一个老师到学生家里家访，正赶上他们全家人在那里看电视。这是法国喜剧片《虎穴追踪》，情节十分荒诞，表演也很滑稽，逗得他们家的孩子直笑。孩子的父亲见老师在场，便不断地责骂孩子不要笑。孩子有些不大高兴，站起来从冰箱里拿了一瓶可乐，问老师喝不喝，老师说了声“谢谢，不喝，你自己喝吧”。父亲见孩子真的喝起来了，便大声对孩子说：“去，再给老师拿一瓶来！”孩子嘟囔着嘴说：“老师说他不喝嘛。”父亲很不高兴地说：“叫你拿你就拿，哪儿那么多废话！”老师确实不想喝可乐，便拦住了孩子。

当老师进他们家的时候，一家人还很高兴地在看电视，气氛也很融洽，为什么一下子变得如此紧张了？大概是这位家长想在老师面前表现出他的家教水平。可是这样一来，一个很融洽和谐的家庭气氛没有了，孩子不能随意地表达自己的真情实感。正在这时，电视里的一个情节又把孩子逗笑了，可孩子嘴里正喝着可乐，他一笑，可乐从嘴里喷了出来，正好喷在老师的身上，父亲一下子火了，拍着沙发扶手骂道：“我真想揍死你！快滚回你的房间去！”孩子噌的一下站起来走进了自己的房间，“啪”的一声把房门关上了，表示对父亲的强烈抗议。父亲还要发作，被老师拦住了。老师告诉他，不能这样对待孩子。

作为父母，我们应当设身处地为孩子想一想，看一部喜剧片而不让孩子笑，天下哪有这种道理？孩子的情感是由他们自己对生活的理解而产生的，如果生活本身十分枯燥无味，孩子的情感也难以丰富和健康。既然生活丰富而多彩，为什么不让孩子把自己对生活的理解和感受表达出来呢？孩子情感的被压抑，将会使他们失去对生活的激情，失去对人生美好目标的追求，失去天生的灵性。如果长期这样下去，孩子会真的被训练成为一个木偶，他们的一切都由父母来操纵，一切都听从父母的安排。这样的孩子长大以后有什么用处？

历史镜头

用自信点燃激情

清前期教育家巩建丰，任翰林院侍读学士。他在位期间，教雍正文学，为胤禛的文学老师。

巩建丰在教胤禛时，以身作则，丝毫不敢懈怠，鼓励胤禛背诵四书五经、《论语》等书籍，在胤禛取得了一点成绩时，及时给予表扬和肯定，并且鼓励他继续钻研，不要畏惧困难。

胤禛是个极其聪明的孩子，但是也有遇到困难的时候，这时候，巩建丰就会和他说古代圣贤的求学之路，激励胤禛克服困难，增强自己的信心。

一天，年幼的胤禛在苦读《论语》，但是有一段就是背不出来，于是胤禛丧失了继续读下去的信心，这一细节被巩建丰看到了。巩建丰马上要求胤禛停下了，说两个人讲讲故事，于是巩建丰讲了毛遂自荐的故事给他听。

毛遂在平原君门下呆了三年，一直默默无闻，总得不到施展才能的机会。

一次，碰上秦国大举进攻赵国，秦军将赵国都城邯郸团团围住，情况十分危急，赵王只好派平原君赶紧出使楚国，向楚国求救。

平原君到楚国去之前，召集他所有的门客商议，决定从这千余名门客中挑选出 20 名能文善武足智多谋的人随同前往。他们挑来挑去最终只有 19 人合乎条件，还差一人却怎么挑也总觉得不满意。

这时，只见毛遂主动站了出来说："我愿随平原君前往楚国，哪怕是凑个数！”

平原君一看，是平常不曾注意的毛遂，便不大以为然，只是婉转地说：“你到我门下已经三年了，却从未听到有人在我面前称赞过你，可见你并无什么过人之处。一个有才能的人在世上，就好像锥子装在口袋里，锥尖子很快就会穿破口袋钻出来，人们很快就能发现他。而你一直未能出头露面显示你的本事，我怎么能够带上没有本事的人同我去楚国行使如此重大的使命呢？”

毛遂并不生气，他心平气和地据理力争说：“您说的并不全对。我之所以没有像锥子从口袋里钻出锥尖，是因为我从来就没有像锥子一样放进您的口袋里呀。如果早就将我这把锥子放进口袋，我敢说，我不仅是锥尖子钻出口袋的问题，我会连整个锥子都像麦穗子一样全部露出来。”

平原君觉得毛遂说得很有道理且气度不凡，便答应毛遂作为自己的随从，连夜赶往楚国。

巩建丰接着说：“毛遂自荐的故事告诉我们，一个人的信心是很重要的，古往今来，凡是有丰功伟绩的人，他们都具备有坚定的信念，他们总是对自己充满信心，即使跌倒了，马上就会从跌倒的地方爬起来，直到达到目标。”

胤禛认真地听了毛遂自荐的故事后，很是感动，于是继续拿起《论语》读下去。听到朗朗的读书声，巩建丰高兴地笑了。

胤禛的一个一个目标在老师的关心和指导下攻克了，他的学识得到了极大地长进，最重要的是，在他的潜意识里，埋藏着坚定的自信，这为他以后的宏图大略铺好了道路。

教育成果

拥有激情，没有什么不可能

康熙亲手创造了一个“太平盛世”，也留下了严重的后遗症：吏治腐败、税收短缺、国库空虚。雍正接手时，国库储银仅八百万两，而亏空的数字却大得惊人。雍正说：“历年户部库银亏空数百万两，朕在藩邸，知之甚悉。”又说，“近日道府州县亏空争粮者正复不少”，“藩库钱粮亏空，近来或多至数十万”。如此看来，则堂堂大清帝国，竟是一空架子。外面看强盛无比，内里却空空如也。

国库空虚，关系匪浅，新皇帝岂能坐视？然而钱粮的亏空，又不简单地只是一个经济问题。各地亏空的钱粮到哪里去了？雍正看得很清楚：不是上司勒索，就是自身渔利，而户部的银子，则被皇族们在“不借白不借”的心理支配下“借”走了(其实也就是侵吞)。这么多人来挖国家的墙脚，国库还有不亏空的道理？但是，从中央到地方，各级官员的贪污、挪用、借支公款，又确有其“不得已”处。因为清从明制，官员俸禄极低。正一品官员的年俸不过纹银一百五十两，七品县令则只有四十五两。这点俸银，养家糊口都成问题，更不要说打点上司，迎来送往和礼聘幕僚了。从这个意义上讲，明清两代吏治的腐败，是给逼出来的。

由此可见，亏空关系到吏治，吏治又关系到体制，这是一个连环套。这个连环套上的每一个环节，都含糊不得。如果说，打江山要靠枪杆子，那么，治江山就得抓钱袋子，所以亏空不能不补。吏治的腐败是最大的腐败，所以吏治不能不抓。两件事既然都与制度有关，则制度也不能不改。雍正把这一切看得十分清楚。因此,清理亏空这件事,在他那里就变成了体制的改革。不过,事情还得从清理亏空做起。它是最好的突破口,也是当务之急。康熙六十一年(公元1722年)十二月十三日,即康熙皇帝去世刚好一个月时,雍正皇帝下令户部全面清查亏空钱粮。雍正不顾乃父"尸骨未寒",就要对留下的积弊大动干戈,可见其决心之大,也可见事情之紧迫。这是雍正即位之后的第一个大战役,关乎国本,也关乎帝位。一旦无功而返,或半途而废,不但雍正自己身败名裂,国本也可能为之动摇。因此只能胜,不能败,只能进,不能退。然而雍正信心十足。

雍正的自信是有道理的。他不是糊涂皇帝,而且,与康熙皇帝相比,他还有一个优势,就是洞悉下情。各级有什么鬼心眼,小动作,官场上又有哪些流习和积弊,他都一清二楚。他深知,下级对上级,地方对中央,向来就是"上有政策,下有对策"。中央的政令到了下面,没有不打折扣的。清查亏空牵到那么多官员的切身利益,岂有不研究对策之理?那好,你研究,我也研究。你有对策,我更有对策。我的对策是:先研究你的对策,再出台我的政策。我的政策是针对你的对策来的,看你还有多少对策!这一下,贪官污吏全都傻了眼。

事实证明,雍正这一系列政策和对策,确实沉重地打击了贪官污吏,帝国的吏治也为之一清,雍正反腐倡廉仅仅五年,国库储银就由康熙末年的八百万两增至五千万两。更重要的是,社会风气改变了。"雍正一朝无官不清"的说法,也许夸张了点,却是对雍正治国的公正评价。我们真的要向这位满族皇帝致敬了!一件向来都虎头蛇尾的事,竟被他做得大获全胜,干净彻底。

现代教育
点石成金

扬起孩子自信的风帆

自信是成功的基石，是一个人对自身力量的认识和充分估计，是孩子成长过程中的精神核心，是一种良好的心理品质，也是一个人克服困难、自强不息、取得成功的内动力。谁拥有自信，谁就成功了一半。

在这个世界上，有一小部分人，他们拥有良好的家庭背景、有机会接受高质量的教育，又比较聪明和能干，他们的自信可能是与生俱来的。但是对大多数人来说，在成长的过程中或多或少都会产生一定程度的自卑感，只是有人在这方面，有人在那方面，有人表露无遗，有人深埋在心底。如何克服自卑心理，建立起自信心，也就成了每一个努力要求上进的年轻人都必须面对的问题。

自信心不是看过几本励志书籍，每天对自己说“我是最棒的”就会产生的。自信心是需要不断积累的，是在不断的完成一件件小事，不断地经历成功体验的基础上，逐步建立起来的。如果不是从一件件成功的小事做起，而是一开始就雄心勃勃地选择难度比较大，完成周期比较长的事来做，那可能会不断地体验失败的挫折感，最后无法完成而失去信心。

当孩子在某一方面建立起自信后，帮助他们把这种成功的体验，运用到对自己没有信心的方面，把孩子在这方面“无能”的信念加以修正，使他们在这方面敢于尝试，从一件件小事入手，不断积累成功的体验，从而进入良性循环的轨道。

自信心是从很小的时候就开始萌发的。当孩子使用各种方法来取悦大人、吸引大人的注意和赞美时，自信心就在发展了。

(1)重视过程而非结果

父母往往最关心的是自己的儿女在学习、工作中是否比别人强。其实,这个结果并不是最重要的。家长应该看的是孩子在学习、做事的过程中是否获得了经验、是否能够承担责任、是否能够掌握知识和技能。

如果孩子的一次考试成绩不理想，可是这次教训却让孩子和父母看到了薄弱环节在哪里，不正是塞翁失马,焉知非福吗?父母的这种态度会传递和影响孩子,对孩子自信心的培养是非常重要的。

(2)建立合乎孩子能力的目标

孩子感到过大的压力，往往是来源于父母过高的期望。在父母的心中,总有一个对孩子的期望目标。

孩子也会给自己定一个前进的目标。父母的责任就是怀有一颗期待之心，帮助孩子建立自己每一阶段的适合的目标。

那么这个目标一定不能定得太高,超过了孩子能达到的限度,就容易使孩子产生失败感,丧失信心。也不能把目标定得太低，孩子完成得轻而易举,就会变得轻率和骄傲。

(3)肯定孩子的成功

当孩子考试取得了好成绩，做

了好事，很好地完成了布置的任务时，一定要给孩子适当的表扬和肯定。

每一个人都希望能够得到他人的称赞和肯定，孩子也不例外。对孩子的表扬和肯定是孩子充满自信不断进步的力量源泉。

(4)让孩子迎接挑战

对困难的成功跨越，都是对自己的一次肯定，都会增加一份自信。克服困难就是对自己的一次挑战。

并不是只有面对惊涛骇浪才有挑战的意味。对于孩子，日常生活中的小事也可以是挑战。比如说洗衣服、下棋、打篮球……都是挑战。

鼓励孩子多参加类似的活动，成就与胜利自然会增加孩子的自信。

(5)以身作则，树立典范

榜样的力量是无穷的。很难想象缺乏自信的家长如何能培养出自信心十足的子女。父母能够充满希望地看待未来，充满自信，孩子也会深受感染。所以父母在要求孩子的同时，一定要注意自己的修养，做好孩子的典范。

让青春与激情同行！让孩子面对峭壁，有攀岩的激情；面对大海，有冲浪的激情；面对星空，有仰望的激情；面对土地，有耕耘的激情；面对跑道，有冲刺的激情；面对诗歌，有朗诵的激情；面对真理，有上下求索的激情；面对时机，有抓住不放的激情；面对书籍，有刻苦钻研的激情；面对难题，有打开问号的激情；面对赛场，有击败对手的激情；面对失利，有跌倒后再次爬起的激情。

或许有人会说，激情不一定可靠，因为激情不一定持久。那么我要说，这并不能说明激情存在过错，反倒说明激情难能可贵。也正因为如此，我们更需要经常唤醒激情、点燃激情；不断培养激情、保养激情；善于开发激情、舒张激情，从而与激情紧紧携手，长久地同行。只有这样，我们才能在永葆激情中，永葆青春。

历史镜头

成功者永不放弃，放弃者永不成功

刘备师从郑康成，在郑康成那里，刘备受到儒家仁义爱民思想的熏陶，学到了坚忍的处世态度和挫而弥坚的精神。郑康成告诉刘备水滴石穿、绳锯木断、锲而不舍的道理，并让他感受到生活的艰辛，事物的两面性。在读书习武的过程中，刘备得到了老师的尊重，在和同窗的比试中，刘备知道了胜利和失败可以相互转化的道理。

有一天，郑康成带领他的学生做了一个实验：他往一个陶瓷杯里放进一只跳蚤，发现跳蚤立即轻易地跳了出来。再重复几遍，结果还是一样。接下来他们再次把这只跳蚤放进杯子里，不过这次是在杯上加一个陶瓷盖，“嘣”的一声，跳蚤重重地撞在陶瓷盖上。跳蚤十分困惑，但是它不会停下来，因为跳蚤的生活方式就是“跳”。一次次被撞，跳蚤开始变得聪明起来了，它开始根据盖子的高度来调整自己所跳的高度。再一阵子以后呢，发现这只跳蚤再也没有撞击到这个盖子，而是在盖子下面自由的跳动。一天后，他们开始把盖子轻轻拿掉，跳蚤不知道盖子已经去掉了，它还是在原来的那个高度继续地跳。三天以后，他发现那只跳蚤还在那里跳。一周以后发现，这只可怜的跳蚤还在这个陶瓷杯里不停地跳着——其实它已经无法跳出这个陶瓷杯了。从一个跳蚤变成了一个可悲的爬蚤！

郑康成说："大家从这件事情能明白什么道理吗？"

学生们争着说："现实生活中，有许多人也在过着这样的'跳蚤人生'。""年轻时意气风发，屡屡去尝试成功，但是往往事与愿违，屡屡失败。几次失败以后，他们便开始不是抱怨这个世界的不公平，就是怀疑自己的能力。"

"难道跳蚤真的不能跳出这个杯子吗？绝对不是。只是它的心里面已经默认了这个杯子的高度是自己无法逾越的。让这只跳蚤再次跳出这个玻璃杯的办法十分简单，只需拿一根小棒子重重地敲一下杯子，它就会"嘣"地一下跳出去。人有些时候也是这样。很多人不敢去追求成功，不是追求不到成功，而是因为他们的心里面已默认了一个"高度"，这个高度常常暗示自己的潜意识：成功是不可能的，这个是没有办法做到的。"

郑康成说："我们必须不断战胜自己和超越自己，只有自己才是自己最可怕和最强大的敌人，很多事情，并不是自己被别人打败了，而是自己被自己的失败心理打败了！我们要做的是让他们坚信自己的生活信念，不管遇到了多么严重的挫折，不论碰到了多么巨大的困难，都不要发生动摇。永不言败，不断拓展自己的生活空间。"

在老师的培养下，刘备一天天成长。即使后来刘备落难，郑康成还告诫他不要气馁，引荐他投奔袁绍，以期东山再起。

教育成果

激情成就梦想

刘备因家族没落，沦落到贩卖草席草鞋为生。但刘备为人谦和宽厚，且喜欢结交豪杰志士，因此颇得人望。自从桃园结义，与关羽、张飞投入复兴汉室的战斗后，刘备虽多次历经失败，并长期寄人篱下，包括吕布、曹操、袁绍、刘表等，但他始终不改其志。

直到后来三顾茅庐，将诸葛亮请出山之后，刘备的事业才逐渐有了起色。首先利用赤壁之战，曹军惨败无力南下之余，趁机夺取荆州南部四郡，再趁曹操专注于关中战事及孙权专注于合肥会战，应刘璋之邀进入益州，后经过三年苦战，夺得益州，并在汉中大战，首次击败宿敌曹操，建立三分天下有其一的基业。

刘备最了不起的是他的韧性也就是面对失败不屈不挠的精神，凭着这一点，他就像是石缝里的种子在那个军阀混战的年代寻找时机，当某一天"天公降雨"的时候这颗种子就能发芽，这条蛟龙就能起飞——"使蛟龙得云雨，终非池中物也。"

刘备的进取精神，体现在不折不挠的意志。由于决定胜负的因素多种多样，其中许多因素不可预测和控制，因此战场上的失败在所难免。多算，可以多胜，但不能必胜、全胜。智者千虑，必有一失，这是规律。甚至屡战无功，这也并不足奇。有时失败正是胜利的转机，咬着牙坚持下去，胜利的曙光就会出现，这样的事屡见不鲜，如果一蹶不振，事业便从此终止。所以贝多芬说："卓越的人的一大优点是在不利与艰难的遭遇里百折不挠。"战场上的最后胜利者都有前仆后继，失败了再干的毅力。进取，必须面对失败；进取，必须战胜失败；进取，必须永不言败！

每个人要想干出一番惊人的业绩，一定要具有面对失败坦然自如的积极态度，千万不可一遇挫折便落荒而逃。否则，你永远和成功无缘。

现代教育点石成金

做生活的强者

人们希望事事成功。然而，在现实生活中，常胜将军是没有的，在人生的道路上失败是难免的。这是因为客观事物是纷繁复杂而又不断地发展变化的。其关键问题就是尽量少些失败，多些成功，以及如何勇敢地面对失败。当孩子没有受过失败的痛苦，在开始面对失败时，往往不能以正确的态度对待失败。因此，父母应尽早训练孩子正确对待失败。

(1)失败不可避免

父母要经常教育孩子失败在人生的道路上难以避免。在思想上应有准备。如果准备好，失败就会小，即使遇到失败也容易转为成功，将失败的损失降到最小程度。

(2)防止消极态度

有的人在失败后，消极、颓废、自卑、沮丧，从此一蹶不振，失去对生活的希望或引起不恰当的对抗行为等，这是对待失败的消极态度。父母应教育孩子防止这种消极态度，以积极态度来对抗消极态度。如果你的孩子在某一件事上失败了，做父母的绝不能责怪他、讽刺他，更不能嘲笑他，而要安慰他、鼓励他、开导他，激起他重新奋起的决心和自信心。

(3)变失败为成功

常言道："失败是成功之母。"这是指失败既是坏事，又是好事。如果能从失败中吸取教训，砥砺人的意志，使人更成熟、坚强，激励人从逆境中奋起，就能使失败变为成功之母。父母训练孩子正确面对失败，就是使孩子勇敢地面对失败，能变失败为成功。

(4)教子学会"挣扎"

社会是个大海，人生就是在大海中游泳，父母要从小让孩子学会挣扎，锻炼拼搏精神。这样，当孩子遇到挫折、困难、委屈、痛苦等，就能奋起挣扎，变失败为成功，也会对孩子今后的一生大有好处。

(5)鼓励孩子勇于承担风险

如果孩子总是躲避风险，他就会缺乏自信心，因为躲避风险会使他无法获得真正成功的感觉。如果你希望孩子增强自信心，那么，就鼓励他去做以前从未做过的事，在成功中寻找自信。对孩子的尝试要多加赞扬。

(6)不要让孩子总是自责

当听到孩子说“我老是写不好字”、“我真笨”、“我太丑”的时候，要及时加以引导、鼓励和帮助他战胜困难。应该用正面、积极的语言开导孩子。

(7)告诉孩子不必太在乎外界评价

应该告诉孩子，谁都不可能总是在辩论会上得第一名，也不可能总是得奖章。要让孩子知道，就是在没有外界奖赏的情况下，他也应坚定地走自己的成功之路。如果过分在意外界的评价，他就会经不起挫折。

(8)永远不要伤及孩子的自尊

在对孩子进行批评教育时，要坚持对事不对人的原则。不应说“你真笨”、“你是一个没用的家伙”这类话，而应该说：“这件事你做错了”、“今天你不太勤快”、“这次你表现得不够好”……

第六章 培养『力拔山兮气盖世』的大气魄

我们常常羡慕那些取得了重大成就的人，总觉得他们太伟大、太不平常了，甚至把他们奉为神圣。我们不应该一味地羡慕别人，而应该从别人的成功中吸取有益的经验来筹划自己的人生。那些伟大的人物，他们的成功来自多方面，其中最重要的一点是他们生活得很有气魄。一个人有大气魄，才会有大人生。人生的大气魄来源于远大的理想，人生的大气魄表现在人们取舍的态度上，目光长远，敢于选取，勇于割舍，就会有辉煌的人生。

历史镜头

果断而不武断

刘邦原来是一个优柔寡断的人，但是他为什么得天下，就是因为他克服了自己性格上的弱点，使自己成为一个果断的帝王。

一天，六岁的小男孩在外面玩耍时，发现了一个鸟巢被风从树上吹掉在地，从里面滚出了一个嗷嗷待哺的小麻雀，小男孩决定把它带回家喂养。

当他托着鸟巢走到家门口的时候，他忽然想起妈妈不允许他在家里养小动物。于是，他轻轻地把小麻雀放在门口，进屋去请求妈妈。在他的再三哀求下妈妈终于答应了。

小男孩兴奋地跑到门口，谁知小麻雀已经不见了，他看见一只黑猫正在意犹未尽地舔着嘴巴。小男孩为此伤心了很久，但从此他记住了一个教训：只要是自己认定的事情，决不可优柔寡断。这个小男孩长大后成就了一番事业。这个小男孩就是刘邦。

刘邦在当初斩白蛇起义时，受到萧何的影响。萧何当时是一个地方官，他劝刘邦要反的话就要果断，不要延误时机。萧何说：“在人的一生中，犹豫不决固然可以免去一些做错事的可能，但同样也会失去许多成功的机遇。”在萧何的策动下，刘邦举起了义旗。这是刘邦果断性格的开始，在以后的战场生活中，萧何作为军师，很好地教会了刘邦做事要果断，不要犹豫不决，这些思想一直影响到刘邦后来的生活。

教育成果

不入虎穴，焉得虎子

鸿门宴后，项羽血洗咸阳，火烧阿房宫，残杀秦王子婴，又以功臣自居，违背当初楚怀王与各路义军将领订下的“先入定关中者王之”的盟约自称西楚霸王，把楚怀王迁到湖南之后再加暗杀。公元前 206 年，项羽又以诸侯霸主身份分封 18 路诸侯。刘邦受封为汉王，管辖偏僻的巴蜀汉中地区。

刘邦来到汉中后，以南郑（今陕西南郑县）为王部，以巴蜀为根据地，很快建立起自己的政权——汉。这便是汉王朝的前身。此后，刘邦在萧何等的辅助下，先经营巩固后方，积极治理，积蓄力量，然后，用韩信妙计“明修栈道，暗渡陈仓”，很快消灭了项羽所封的雍王章邯，塞王司马欣，翟王董翳，控制了整个关中地区，为自己以后逐鹿中原建立了一个巩固的根据地和大后方。有了巩固的后方，刘邦果断率汉军主力出关东下，正面攻击项羽的楚军。汉军一路长驱直入，最后一举攻下楚都彭城。从此开始了楚汉之间的拉锯战。

楚汉相持期间，楚军因主帅骄横不仁，暴虐无道，造成内部将相矛盾不和，外都民众怨声载道。相反，汉政权刘邦则仁义爱民，又善于重用人才，团结部下，故而内得萧何、韩信、张良等良才辅助，外得百姓拥护爱戴。这样经过长达四五年之久的相持对峙和苦战，汉政权终于由弱变强。

公元前202年，刘邦亲率汉军主力在垓下与项羽的楚军展开最后大决战。结果，刘邦的汉军大胜，楚军全军覆灭。楚霸王项羽也在四面楚歌声中自刎于乌江。至此，历时五年之久的楚汉战争，以刘邦的胜利而告结束。

天下统一后，大量裁军，命令大部分士兵复员，回到农业生产第一线。社会经济的恢复和发展，需要安定的国际环境。刘邦在对内强调发展生产的同时，对外则实行睦邻友好的政策，采取有效措施，致力于加强民族团结，处理好周围各少数民族之间的关系。

在维护汉政权方面，刘邦认为主要心腹之患是拥有独立军队的异姓诸侯王们。于是，刘邦便采取果断措施，利用各种借口，将所有异姓诸侯王相继铲除，并接受"秦孤立而亡"的教训，大封刘姓皇族子弟为新的侯王。

现代教育
点石成金

让孩子不再犹豫

孩子是否经常感到无力抗拒不合理的要求？感到对别人说"不"字时负罪或很不自在？感到要求别人帮忙时不自在、不自然？感到无法或不愿表达自己的真情实感呢？

如果孩子对上述任何问题中的一个回答是"经常"。那么孩子的身上便存在严重的问题。面对优柔寡断的行为，孩子最好接受一些旨在培养果断能力的训练。

如果孩子遇到事情总是优柔寡断，很难做出判断，慢悠悠的，家长对此很苦恼，那么孩子是怎么了呢？

实际上,孩子的意志品质缺乏果断性,也就是说孩子意志的果断性比较差,不善于仔细、全面地考虑问题,然后再做出决定。有时候缺乏足够的力量去克服心理上的种种矛盾,担心行动会造成不良后果,怀疑自己所做决定的正确性而出现做事不果断。那么如何帮助做事不果断的孩子呢?

(1)鼓励孩子树立自信心

当孩子尽自己最大的努力独立完成某种事情后,家长应该及时地给予表扬和鼓励,赞赏的方式可以是微笑、点头、拍手、抚摸他(她)的头等,也可以口头表扬或给予小小的物质奖励。假如孩子不能圆满完成某种事情,家长千万别表现出失望或生气的神情,更不能辱骂、讽刺孩子。

(2)鼓励孩子自己拿主意

当孩子盲目模仿、追随别人时,家长应表示不满:"我不喜欢没有主见的孩子。"要鼓励孩子自己提出几种方案,父母帮助他从中选择最佳方案。

(3)建立平等民主的关系

家长要经常鼓励孩子自己动脑筋、想办法,即使是错误的,也不能用压制的办法来解决问题,而且积极引导,寻找原因,父母更不可包办代替。

(4)帮助孩子下定决心

有的孩子做一件事开头犹犹豫豫，难下决心，而干起来之后能够较好地坚持。这种孩子的优势在执行计划，而决定计划方面薄弱，内、外因素干扰使他难以果断做出决定。对这样的孩子，就应在一个行动的起始阶段，帮他分析利弊因素，尽快确定目标，培养孩子的果断性。

历史镜头

该出手时就出手

凡做大事，既不能总是犹豫不决、坐失良机，又不可草率从事，不计后果。因此，做事前三思而行是必要的。而一旦决定就要当机立断、付诸行动，这样才能使自己的重大决策有更多的获胜把握。

李世民在射圃练习射箭，不知为什么就是很难射中箭靶，几次练习下来，就有点灰心丧气了。李渊看到儿子气馁的样子，就大笑道："孩呀，射箭的秘诀重在稳、准、狠三字。何谓稳？气定神闲，满怀信心，手不颤抖，谓之为稳；何谓准？目无它物，小则变大，大则变小，谓之为准；何谓狠？目标明确，时机准确，放矢有的，谓之为狠。"

"只有行动才会有结果。行动不一样，结果才不一样。知道不去做，等于不知道，做了没有结果，等于没有做。不犯错误，一定会错，因为不犯错误的人一定没有尝试。错了不要紧，一定要善于总结，然后再做，一直到正确的结果出来为止。"

李世民忙感谢父亲的教诲，继续练习。

李世民周围聚集了一批能臣干将，并由此遭到他父皇兄弟的嫉恨，幕府宾僚纷纷被调离秦王府。秦王李世民的心里又着急又害怕。房玄龄对李世民说："其他的人走了也就罢了，杜如晦虽位列下僚，但聪明识达，有王霸之才。主公如果只想守个秦王的位子，用不上杜如晦；主公如果想经营天下，非用此人不可。"李世民听房玄龄这么一说，立即改容待之。杜如晦被封为蔡公，位至仆射。房玄龄、杜如晦都成为历史上的名相。

李世民，这个自幼通读了百经的天才少年，很快地迸射出他的政治才华。他一向是温厚而不失聪敏，稳重又不失决绝，礼数周全而卓尔不群。几乎每个人都认为，他必将有一番作为。杜如晦告诫李世民不要操之过急，要分析当前形势，选准时机，要有静若处子，动若脱兔的功夫，该出手时就出手。

教育成果

只有行动，才能创造价值

作为政变的主谋，李世民面对错综复杂的形势，他必须全面和深入地对事变可能出现的后果和影响加以思量。这并不是犹豫，而恰恰是李世民在大事面前深思熟虑的表现。经过一番考量，李世民一旦计定，犹如战场上下达攻击命令，变得果断而不可动摇。

有量变就必然有质变。秦王府与东宫、齐王府之间斗争的高潮来临之前，其他小波小浪就从来没有停止过。

在武德五年以前，因李世民的军功卓著，秦王府的威望已远远高于东宫和齐王府，但在以后的三年多时间里，李世民既无新的战功，又屡遭兄弟的倾轧、妃嫔谗言，使秦王府的地位大不如以前了。就军事实力而言，东宫加上齐王府要比秦王府强大得多。从政治影响方面来看，因李建成身为太子，宫中妃嫔、朝中大臣和地方势力依附东宫的相对多些，秦王府处于劣势也是显而易见的。

矛盾的激化始于武德九年六月一日。这天，李建成请李世民到东宫喝酒，几杯酒下肚，李世民突觉肚子剧痛，由淮安王李神通扶助，回到自己住的秦王府后，竟吐起了血，这就加重了秦府僚属的忧惧感。在这种情况下，房玄龄便与杜如晦共劝李世民痛下决心，诛除李建成、李元吉。

房玄龄等策划政变的主张，其实正符合李世民的心意，但要将这种想法变为行动，李世民仍存在若干顾虑。及至后来，房玄龄、杜如晦因受到李建成和李元吉嫉恨而被逐出秦府。秦府中李世民的心腹之臣就只剩下长孙无忌。长孙无忌和舅父高士廉以及秦府将领尉迟敬德等继续进行策划。

此时，突厥数万骑兵入侵。这次李建成举荐李元吉和李艺北征，目的在于使李世民与军队隔离，将其困于京师，防止李世民掌握兵权，而李渊却答应了这一请求。

从另一方面看，李建成和李元吉这样做，也是想借出兵讨伐突厥之机，将兵权控制在自己手中。李元吉请尉迟敬德、程知节、段志玄及秦府右三统军秦叔宝与之同行，并检阅秦王帐下精锐之士，加强李元吉的军队，以此削夺李世民的兵权，然后图谋杀李世民，这一计划被人密告给了李世民。

李世民立即同长孙无忌、高士廉、尉迟敬德、侯君集、张公瑾等商量对策。大家一致意见是只有采取非常行动，先发制人，才能扭转危机，而且事到如今，觉得再没有任何犹豫的余地了。于是他们劝李世民“先事图之”。

此时的李世民，虽然只有二十九岁，但他觉得必须事事深思熟虑。他此时自然明白，秦王府与东宫、齐王府集团的军事力量和政治影响对比悬殊，除此之外，一旦交兵，秦王府两面受敌，必然陷入险境，这一枝节李世民是不能不考虑进去的。所以，他还要在行动之前听听更多人的意见。府僚们都说：“齐王本性残暴，为人狡猾，他早有谋天子之心，如让他得逞，江山社稷就是他的，你应该明白呀！”

事情重大，以弱势而制强敌，必须有一个严密、周到的行动方案。于是李世民让长孙无忌密召先前被逐出秦王府的房玄龄、杜如晦入王府商议决策。

房、杜二人以前曾建议过李世民诛杀李建成、李元吉，未被采纳。现被贬在家，深恐李世民仍然疑而不决，中途变卦，便想用激将法再激他一次。他俩对长孙无忌说：“过去我曾建议他谋大事，他下不了决心，今天我怎么能冒险呢？”

这一招真的有效，李世民听说后，怒骂道：“玄龄、如晦真的叛我了！”

他取下佩刀给尉迟敬德说：“你前去打探，如果都不愿来看我，就杀了他们。”

尉迟敬德和长孙无忌便再去找房玄龄、杜如晦，说：“秦王已下决心了，所以请你们去议事，只有我们四人呀，走吧。”

房玄龄和杜如晦闻听此言，知李世民决心已下，便化装成道士与长孙无忌潜入秦王府内，尉迟敬德则由他道进入。

武德九年六月二日，经过一整夜商议，大计终于确定下来，并分头布置行动。李世民至此决定走上风雨不归的夺权之路。

现代教育
点石成金

给孩子创造行动的契机

在每个人的生命历程之中，不敢冒任何风险，是人生最大的危险。通过有效的人生设计，纵然可以一定程度地规避风险，却无法使之完全消除；人生的最高价值是踏过风险，追求成功与幸福，而不是压倒一切地逃避困难、躲开风险，追求稳定——人生设计纵然伟大，而更伟大的是人生行动！

我们每天都在教育我们的孩子，道理孩子都明白，但落实到行动上就有一定的差距。我们总是埋怨孩子，在孩子身上找原因，但却从来没有想过是否给孩子创设了好的环境，给孩子一个行动的契机。

孩子小时候往往什么事情都要抢着做：扫地、洗碗，但他还小，什么也干不了，所以父母就没让他做，可是为什么等他长大了，能够洗碗扫地的时候，却变懒了，什么也不愿意做了呢？更有甚者，他连自己的作业，比如作文、画画什么的都要让大人帮忙，自己懒得动脑筋了呢？很多家长非常疑惑。

孩子天生就是积极的，勤快的，他一张开眼睛，就尝试到处看看，当他能控制自己的动作时，他喜欢到处爬，到处摸，什么都拿起来咬，大人做什么，他也模仿着做什么。当然，因为很多事情他是第一次做，所以很容易出错，如果每次尝试大人都报以厉声呵斥“不准……”或大惊小怪地惊呼“危险！不要……”时，孩子就好像被电击了一样，久而久之，孩子就学“乖”了，哪儿也不能碰，不准摸，不可以试，那就不碰、不摸、不试，他认为这样才是大人眼中的好孩子。再长大一点，孩子就渐渐变成该做的事情也懒得去做了。

所以，如果您不想让孩子变得懒惰，想让他保持自信、积极进取，您就应该记住：当孩子做出某种尝试时，只要不是危险的和损害别人利益的，大人就应该鼓励，并且提供机会让他大胆尝试。要让孩子明白，谁都有失败的时候。

这样，孩子每次尝试做一件事情时，他得到的都是奖励而不是“电击”，他当然会很有自信，乐意一而再再而三地努力去做自己还不会做的事情了。长大了之后，他很自然就会成为一个勤快的、乐于尝试新事物的、积极向上的孩子了！

如果您的孩子不幸已经没有自信并且变得懒惰了，惟一的办法就是停止对他进行“电击”，也就是说要停止对他所做的事情挑毛病、指责或者是表示不满意，而是多给奖励，只要他愿意，做得怎么样，都予以鼓励。

一天中午，一个老师往办公室走。在走廊上遇到了一个学生。他是来帮忙打扫教室的。当老师看到他时，他已经把门锁上了，他的目光是瞟向地面的，却又迅速的收了过来。老师很奇怪他的反应，刚想顺着他的目光看看他在看什么，他就看到了老师，礼貌地道了声“老师好！”，此时老师也看清了他在看的东西，原来地上有一张很脏的废纸。

看到这里，老师也明白他为什么眼神收得那么快了。老师笑了一下，说，“既然看见了，就把它捡起来吧！”他稍微迟疑了一下，然后就用拇指和食指把纸片捏了起来。老师刚想走开，不料他却开口了：“老师，扔哪儿呀？”老师愣了一下，但马上明白了，不是真的不知道往哪扔，而是告诉我附近没有地方扔。他说，“老师，刚才不是我故意不捡，真的是没地方扔！”老师点了下头，说：“老师知道了。”

关于废纸的事情，几乎是在每个学校天天都能够发生的一件小事，但却因为孩子的最后一句话让我们不得不深思。也许在平常听来，可能是孩子的辩解，但是这次我们应该绝对相信他说的是真的，因为如果他真的没有心去捡，就会对废纸置若罔闻，不必去刻意地看那一眼了。

我们当家长的，每天都要求孩子做这个做那个的，但是却没有给孩子提供能够做下去的一个良好的环境，就像我们只要求孩子“捡”，但孩子“捡”了，往哪里“扔”呢，我们却没有给孩子提供这个地方。假如走廊里有一个垃圾桶，我想能够主动捡起地上废纸的孩子就会有很多了。所以家长以后再对孩子做要求的时候，一定要给他们创造好条件，一定要考虑孩子有行动的时候，我们是否让孩子迟疑了，我们是否提供条件让他们坚定不移的做下去了，不能再让孩子“捡”了以后没有“扔”的地方了……

所以，家长应积极地加以鼓励和引导，为孩子提供一些力所能及的做事机会，让孩子体会到自己动脑筋、自己动手做事的乐趣和喜悦。不要因为孩子自己做不好或是怕孩子动作慢而一切包办代替，这样会阻碍孩子独立性的发展。另外，孩子虽然独立愿望越来越强，但独立做事的能力却还很差。因此，父母既要允许孩子在某些方面依赖于大人以稳定他的情绪，又要鼓励他，并对孩子的行动提出适当的要求，从而培养孩子独立生活的能力。

历史镜头

一马当头，敢为天下先

雍正提出“三教合一”。那个时候中国的宗教有儒、释、道三家，这三家彼此互相批评，互相毁谤，雍正提出他的研究，他的看法，认为三教在形式上虽然有不同，但是在实质上是相同的，无非是教人为善，这是相同的。所以雍正皇帝真正是提倡多元文化的先驱，他是多元文化的创始人。在对孩子的教育中，他也贯穿这种变化的思想观，积极开拓孩子的创新思想，并且为乾隆树立了榜样。

弘历先后拜福敏和蔡世远为师，福敏是个老儒，思想比较保守，但是蔡世远是一个善于开启孩子思维的大儒。在教学中不断创新，并且要求弘历在自己的写作中也要有创新，这很好地培养了少年弘历的创新意识。

雍正为了考察孩子的胆识和气魄，特意叫人在一个廊桥的中间放了一块巨石。要从河的这一边到另边去只有这一座桥，也没有小舟，那块石头看起来一个人是根本推动不了的。皇子们看着眼前的巨石，都锁起了眉头，怎么过？一些皇子赶快解袍脱靴，准备从河里游过去，另一些皇子赶快叫下人去弄小船来……大家在一阵忙活之后，纷纷付诸行动。弘历看了一下，没有解袍脱靴，也没有叫下人帮忙，他走到大石头前，用力地一推，那石头马上滚到了河里，结果弘历第一个到达对岸。原来那大石头只是一个伪装的障碍，用特殊的材料制成。弘历的举动得到了雍正的赞许，雍正说：“敢于为他人所不为的人，往往可以获得别人不能获得的成功。这需要一种大的气魄呀！"在场的皇子一个个目瞪口呆。

在以后的学习中，弘历慢慢接受了蔡世远的创新思想，积极发展自己的想像力，敢为天下先的作风慢慢形成，这在他以后六十年的帝王生活中有明显的体现。

教育成果

为他人所不为，得他人所不得

乾隆九年，一向自称"敬天法祖"，"以皇祖之心为心"的乾隆竟然宣布了一个会令他的列祖列宗们都会吃惊的谕旨，这就是变更祖制，释放皇庄壮丁为平民的决定。

说起皇庄壮丁，还得从历代清帝崇尚节俭说起。从历史教训上说，明朝末年的奢侈浪费是很惊人的。康熙就曾宣称，说明朝宫廷一天的费用可以够他一个月用，事实上也是这样的。明朝宫内每年用去金银九十多万两，而在康熙时用去户部拨银仅有三万两，其他的薪炭所用的费用也比明朝少得多。

从康熙、雍正、乾隆三朝执政期间的情况看，他们的确很注重节俭，宫中费用也大为减少，可这与清帝拥有的大量皇庄有直接的关系。这些皇庄数量，却远比明朝皇庄多上几倍。皇庄能够提供皇帝大部分的消费用品，减少了向户部要银和向民间征派的扰累。

在乾隆时，口内、盛京、锦州、热河等处的许多庄园归内务府管辖，为清帝私有，这些庄园就称为皇庄。清朝的皇庄起源于进关前清太祖努尔哈赤之时，清朝入关后，顺治帝和康熙帝又采取圈占民田、调拨官地、逼民带地补充、垦拓官荒等方式占据了大量土地，设立了名目繁多的庄园。如银庄、粮庄、果园、瓜菜园、牧场、盐庄等有近两千座。在里面供劳役的人就叫壮丁，多是一些有罪的人或关外旧奴等。乾隆初期皇庄壮丁共有七万多名，加上一家老小总人数达二三十万以上。

清帝靠这几百万亩自留田地、大量牧场及壮丁，收入颇丰，每年都有米、豆、谷、蔬菜、麦、芝麻、棉花、瓜、果、鸡、鱼、鹿、油、草、炭等一百多个品种的进贡，这些都为清帝"躬行俭约"提供了雄厚的物质条件。也就是说，节约是官样文章，而不是实质。

在前清的几代中，皇庄采取了农奴制的经营方式，也即壮丁在庄头的指挥下，耕种官地，交纳皇粮，并遭受皇室子弟的残酷压迫。这种落后的生产关系和剥削方式，随着时代的飞速发展已不太适合当时生产力的发展，壮丁们开始有组织、有力量地进行反抗。到了乾隆时期，不少壮丁针对庄头闹事，并受汉族地租制的影响，庄头们不得不大量出租庄地和典卖庄地，向封建地主方向演变。

在乾隆初年，皇庄采取庄头招民佃种的租佃制已很盛行，可是皇庄里成千上万的壮丁却成了庄头无法解脱的累赘，他们无地可种，无力可下，还需要庄头养活，很多庄头由于不堪重负，就不再赡养壮丁了。但在这种情况下，壮丁们又不愿意坐受饥寒，为此引起的争端已迫使农奴制进入了穷途末路。

这种情形日益突出，乾隆就果断地作出了变更祖制的决定，对旧有的皇庄制度进行大胆改革。

乾隆帝规定内务府所属的庄园，除庄头亲生子弟及有罪在身的壮丁、鳏寡老幼、残疾壮丁、长期在庄内务农的壮丁必须"留养"外，其他的壮丁可以由庄头移交给地方官载入民籍，由他们各自去谋生计。

对皇庄来说，这可以说是前所未有的大事变。乾隆帝批准释放大量壮丁为平民后，很多皇庄普遍实行了封建租佃制的经营方式，佃农成为庄园的主要劳动力，大大地提高了劳动生产力。那些被释放改籍为民的壮丁则摆脱了农奴制的枷锁，成为自耕农或佃农，人身有了很大的自由，生活境况也有了较大的改善。因此，自太祖努尔哈赤时起的清朝皇庄农奴制度至此宣告结束。

乾隆这一明智之举，虽然破坏了祖制，但这种改革对清朝内部的矛盾有积极的缓和作用。

现代教育
点石成金

宋庆龄父亲的育儿经

宋嘉树在教育子女时表现出的"敢为天下先"的精神，受到当今父母的称道。

宋氏夫妇共养育了六个子女。他们的三个女儿——宋霭龄、宋庆龄、宋美龄，在中国近代史上具有特殊的地位。宋嘉树教子坚持了三个最基本的思想：一是"不计毁誉，务必古先"，二是男女都一样；三是和孩子们做朋友。

(1)对孩子的未来负责

宋嘉树追随孙中山先生革命，首先在自己的家庭开辟了一块没有封建主义樊篱的乐园，使三个女儿有幸在民主、平等、先进的生活环境中健康成长。

(2)给孩子最有效的教育

宋霭龄和宋美龄天资聪颖，大胆泼辣，在她们只有5

岁时，宋嘉树就送她们到寄宿学校中西女塾读书。宋庆龄与姐姐和妹妹一样聪明，却不像姐妹那样大胆泼辣，锋芒毕露。7岁时，父亲也送她到中西女塾读。宋霭龄13岁时，宋嘉树夫妇把她孤身一人送到美国求学，使宋霭龄成为中国近代史上最早赴美国接受高等教育的女子之一。

1908年，宋氏夫妇又把二女儿宋庆龄一同送到美国接受教育。当时宋美龄年仅11岁。由于年龄小，在威斯里安女子学校注册为特别生。宋嘉树使这三姐妹在早期教育上占了先，在接受西方教育上占了先，在女子接受高等教育上占了先。

宋霭龄极富音乐和表演方面的才华，宋氏夫妇便努力做大女儿表演的最佳"搭档"。在傍晚时分，常常是由宋夫人熟练而凝神地弹奏钢琴；几个兄弟姐妹围在一起，听宋嘉树和大女儿的男女生二重唱。静听着父亲那纯美洪亮的嗓音随着琴声哼出的美国南方民歌，宋霭龄、宋庆龄和弟妹们从心底升腾起对父母的崇拜、敬仰和热爱。

(3)具有坚强的意志

宋庆龄生性稳重、腼腆，和姐妹兄弟们在一起时，她总是最文静的一个。不过宋嘉树为孩子们营造的生活环境和气氛，也使小庆龄于天性之外受到补益。在假期里，三姐妹和小兄弟们在院子里玩耍，爬过院墙到别人的田地里嬉戏；他们到田野里奔跑，采集花草，捕捉虫鸟，无拘无束地尽情欢笑。有一次，姐妹兄弟玩"拉黄包车"的游戏，宋霭龄装作黄包车夫，宋庆龄扮成乘客，小妹小弟跟在身后又蹦又跳。正玩得开心时，不料"车夫"拉车用力过猛，双手失去控制，一下把"乘客"抛了出去。"车夫"

愣在那里傻了眼,知道自己闯了祸;"乘客"又疼痛又委屈,满脸不高兴。这件事被宋嘉树知道了,他慈爱地对宋霭龄说:"做游戏也要有分寸,'黄包车夫'可不光是使力气呀!伤了乘客还怎么拉生意呢?"小霭龄不好意思地笑了。宋嘉树又笑着对宋庆龄说:"我们的'乘客'这样宽宏大量,这样勇敢坚强,真是了不起!"小庆龄受到父亲的夸赞和鼓励,一脸的阴云散去了。长大以后,庆龄真的成为一位既富有爱心和宽容,又面对邪恶势力敢于斗争的伟大女性!

历史镜头

有一种力量叫拥抱

赵匡胤在老师辛文悦的培养下茁壮地成长。赵匡胤自小就喜欢和人打斗,特别好强,看到同窗的学业比他好时,他的心再也无法平静下来。

在一天和同窗的比武中,他趁对方没有防范,一拳把同窗打倒在地,并且还扑上去较真,以发泄自己心中的怨恨。显然,同窗被赵匡胤暴风骤雨般的攻击回不过神来,只好任由赵匡胤摆布,没有丝毫还手之力。

恰好这时辛文悦路过,看到他们真的较上了劲,连忙把赵匡胤挡开。其实,作为他们的老师,辛文悦怎能不知道赵匡胤在想什么呢?辛文悦把赵匡胤带到自己的房子里,温和地对他说:"你怎么能这样对待你的同窗呢?"

赵匡胤生气地说:"谁叫他学习老是赶在我前面,我不服!"

辛文悦说:"老天总是把等重的人放在天平的两边。所以我们既不能蔑视对手,也不该轻视自己。你学习比不过他，是因为你自己没有用功而已，怎么能怪他呢？”

赵匡胤不好意思地摸了摸头，不说话。

辛文悦说：“纵观历史，有多少对‘出名’的对手啊？李白和杜甫堪称中国诗坛上的双子星座，两人的情谊也广为人知。李白曾经写过多首赞颂友谊的诗，杜甫也曾作《怀李白》一诉衷肠。可两人也是诗坛上的对手，互相竞逐，以两种截然不同的风格点缀了中华文字的殿堂。廉颇和蔺相如的故事你听说过吧？廉颇的负荆请罪就是怎样对待对手的榜样呀！平静的海面磨炼不出真正的强者，只有亲身经历惊涛骇浪中的搏击，才能成为一个能够力挽狂澜的舵手。这些惊涛骇浪、险滩暗礁就是我们的对手。我们应该呼唤这样的对手，也珍惜这样的对手。针锋相对，只能走向狭隘；放开胸襟，拥抱对手，才是自信、自尊的风度！”

赵匡胤说：“那我应该学习廉颇，向同窗请罪去！”说完马上跑到同窗的面前道了歉，握手言和。两个人脸上都露出了笑容。

教育成果

拥抱对手，笑看人生

当赵匡胤穷困潦倒不得势时，也曾受过冷遇，遭过欺凌；当他成为一国之君，有能力报复一切的时候，却宽仁大度，不计前嫌。

年轻时的赵匡胤初离家门时，因人轻势微，漂泊无定，到处遭到冷遇。当到复州（今湖北天门）时，去投他父亲的同事王彦超，王彦超当时为复州防御使。赵匡胤本想在王彦超的麾下干点儿事，可是万万没想到王彦超只拿出十贯钱便把赵匡胤就打发走了。

建隆二年三月，有一天宋太祖赵匡胤从明德门来到作坊，请宴群臣。正饮到酒酣之时，宋太祖一回头看见了王彦超，十六年前被王彦超仅用十贯钱就打发走的往事，立即浮现眼前。于是，太祖忍不住问王彦超说："你从前在复州时，我前去投奔你，你为什么把我拒之门外？"

王彦超吓得魂飞魄散，急忙叩头请罪。说："当时臣下只不过是一个刺史罢了，一勺之水怎能容纳下神龙呢？假使臣下当时收纳了陛下，陛下怎能有今天呢？"

赵匡胤听了大笑，以后再未提起此事。并且他对王彦超照样重用，毫无报复的意思。

当初赵匡胤在穷困中还曾到随州投奔过随州刺史董宗本。董宗本看在赵匡胤父辈的面上虽然暂时收留了他，可是董宗本的儿子董遵海却十分瞧不起这个远道来投的流浪者。他凭借父亲的势力，对赵匡胤任意欺凌，冷言冷语如同家常便饭，稍有不满，便拂袖而去，常使赵匡胤处于难堪之中。

董遵海也没想到，被他凌辱的人竟然是大宋的开国皇帝。赵匡胤登上皇帝宝座后，董遵海虽然仍在朝中为官，但想起往事总有些胆战心惊。

有一天，太祖在便殿召见董遵海，董遵海惶恐万分，想到这一定是要报复往事了，定死无疑。他一进殿，便立即伏地请死。这时，有的臣下听说董遵海被召见，也乘机上奏其罪状十余条。董遵海没有想到赵匡胤竟让左右把他扶起来，并对他说："我现在正在赦罪赏功，岂能计较那些旧恶呢！你不必忧虑，我还将照旧用你。"

董遵海深受感动，赵匡胤又问董遵海："你母亲在哪里？"

董遵海说："母亲在幽州，患难远隔，不得相见。"

赵匡胤派人设法把董遵海的母亲从幽州接来，又令董遵海去守边。董遵海出于感念宋太祖的大恩，戍守边地十分尽力，屡立新功。董遵海派刘综向赵匡胤进贡良马，当返回时，赵匡胤竟然把所穿的珍珠盘龙衣一件脱下来赠赐董遵海。

刘综惊讶地说："董遵海只不过是人臣，哪有资格享受这样的赐物呢？"宋太祖说："我与遵海的关系不同于一般人，用不着分这个那个。"

一个与赵匡胤素有前嫌的人，然而却在赵匡胤面前受此意外的殊遇，怎能不使其产生无限的感恩深情，怎能不使其心甘情愿地去为之效死。

帮孩子正确看待自己

小堰6岁，是双语幼儿园的小朋友。凡事都要争第一，比较好强。平时有说有笑的她最近脾气越来越坏，在幼儿园对同伴凶巴巴，回到家无故发火。经了解，原来是她们班上转来一个小女生，英语说得比她好，钢琴弹得比她棒，骄傲的"公主"哪里受得了。

母亲意识到孩子烦躁的表现缘于她的优势受到"冲击"，自信心有些受挫，这也正是教育孩子坦然面对竞争的好机会。一天晚上，母亲像往常一样坐在女儿床边和她聊天。"你觉得那个新来的小朋友怎么样？""她唱歌常跑调、不爱理同学。"正如她想像，女儿开口就说别人的缺点。"哦，那样可不好。我家宝宝就不这样，对不？"女儿马上高兴地点头。母亲继续帮女儿找优点，然后话锋一转："但那个小朋友有没有值得学习的地方呢？比如英语和钢琴？"女儿想了想，默默地点了点头。通过和女儿的及时沟通，女儿明白并接受了每个人都有自己的长处和短处。只有不断改进自己才能做得更好。从此，小堰变得大度多了。

现在孩子自尊心都比较强，对于别人的优点总是耿耿于怀，却不知道如何全面比较。帮孩子正确看待自己和“竞争对手”的优缺点，才能让孩子更正确面对竞争，心态才能更健康地发展。

美术班下课了，4岁的玫玫噘着小嘴走出来。妈妈问：“玫玫，怎么啦？”

玫玫挺委屈地说：“刚才我比方方先画完的，可是老师正好走到她那儿，就表扬她，说她是全班第一。明明我比她画得好，可是老师说我们画得一样好！”妈妈安慰她：“没关系，这次老师没看见，下次你先举手老师就看见了。”可是玫玫更生气了，闹着说下次再也不来上课了。

这是“嫉妒”心理在作怪。“嫉妒”已经成为不少孩子的心理通病，它严重损害了孩子心灵和身体的健康，可使孩子吃不香、睡不好，和同学、小朋友在一起时，很难快活。所以，爸爸妈妈应当帮助孩子尽早克服。

(1)引导孩子加强自我意识

家长要关心孩子的言行，引导孩子正确认识自己的潜能，珍惜自己的优点和长处，把它们转化为积极进取的动力。同时，实事求是地对待孩子的优缺点，表扬与批评都要有，让孩子随时清楚自己的不足。

(2)启发孩子自己分析、判断

帮孩子分析嫉妒对象成功的原因，让孩子知道：仅仅对结果进行比较是低层次的比较，是简单的思维方式；帮助孩子找出自身的欠缺和超过对手的途径，避免自卑、自弃、执拗、攻击等不良心理的“骚扰”。

(3)激发孩子的竞争意识和自强信念

开导孩子把嫉妒心理转变为竞争意识，鼓励孩子“奋起直追”而不是“暗生闷气”。把对手当作目标，积极超过他。

如果孩子情绪受到伤害，父母要帮助调整，保持愉悦舒畅的精神状态，能促进孩子健全人格的形成和发展。不妨转移孩子的注意力，让他们用积极的情感冲淡、代替伤害性的情感。

(4)树立孩子的自信心

有嫉妒心的孩子多少会有自卑感，比如看不到自身可贵和可取的地方，不去开发自己的潜能。嫉妒心强者容易造成心理上的内耗，父母要帮助孩子消除自卑心理。

(5)警惕自身嫉妒心理的表露

父母无意间嫉妒情绪的流露，很可能会成为孩子效仿的榜样。所以，爸爸妈妈应该有意识地避免在孩子面前议论成人之间“嫉妒”的事情，为孩子提供良好的成长环境。

由于父母或教师教育失误，也可能造成孩子嫉妒心理的产生。比如有些孩子的父母，尤其是上了学的孩子的父母，往往喜欢采用一种错误的“激励教育法”来刺激自己的孩子，比如许多家长往往对自己的孩子说：“你看，你的成绩还不如×××同学呢！”或者是“××同学的钢琴弹得真好，你看看你，什么都弹不出来！”这种方法看起来似乎是“激将法”，却往往容易使得孩子产生一种自卑，而且还会叫孩子错误地以为父母爱的不是自己，从最初的不服气，变成一种嫉妒。

一个人一生难免会碰到这样那样的对手，也许对手在某一环境或某一时期给你的发展带来一些冲击，但就一个人的长久成长而言，从与对手的竞赛中获得内在的素质、能力更为可贵。我甚至想，干事业不能没有帮手，也不可缺少对手，缺少对手的未来是可怕的未来。外国一位总统在某次演讲中有句话：“我感谢那些工作中支持帮助过我的人，包括那些反对者。”我认为这不是一句客套话，这是一位能胜任总统职务者的真心感悟。因为他知道，善待对手就是善待自己，能够包容对手，自己以后的脚步会更稳健、更踏实。

平静的海面磨炼不出真正的强者，只有亲身经历惊涛骇浪中的搏击，才能成为一个能够力挽狂澜的舵手。这些惊涛骇浪、险滩暗礁就是我们的对手。我们呼唤这样的对手，也珍惜这样的对手。所以，不要把你的对手当作芒刺，当作和你争夺奶酪的敌人，应该想想，对手若没有一定的分量，又怎能成为你的对手？针锋相对，只能走向狭隘；放开胸襟，拥抱对手，才是自信、自尊的风度！用狮子的力量去奋斗，用菩萨的心肠待人。拥抱对手，我们会拥有更广阔的天空！

历史镜头

站得高才能看得远

李渊带领孩子们去围猎，他们所到之处，野物四处逃窜，马上就不见了踪影，他们不得不到处追击。

不知不觉中，他们来到一个山冈，在山冈上，视野十分辽阔，他们看到了一群一群四处逃奔的野物。孩子们高兴地说："我们还是要登高才能看见它们呀！看他们往什么地方逃！"李渊说："孔子登东山而小鲁，登泰山而小天下，是因为天下都在他的视野之中。欲穷千里目，更上一层楼。望远需登高，这是颠扑不破的道理。我们需要有远见卓识，要有对事物发展的预见和认识的深度就必须站得高呀！"

李世民说："你是说如果要对事物有充分的了解和认识，就必须站得高，不能只看到眼前的利益而丢了大局，要做到高瞻远瞩。"

李渊笑着说："站得高才能看得远，我们往往为了眼前的利益而和别人斗个你死我活，那是不值得的。我们可以韬光养晦，着眼将来，做到真正的高瞻远瞩，才能胜出别人。孩子，你们要记住呀！"

李渊还和他们说了一个故事：有两个做鞋生意的人到同一个地方去卖鞋，但是那地方的人很奇怪，从来不穿鞋。甲回家后大发感叹，那地方的人怎么那么野蛮，连鞋子都不穿，看来那地方我是没生意可做了，于是打道去别的地方。乙看到那里的人们都不穿鞋，于是大喜，我可以用我的鞋子证明给他们看，穿上鞋子是多么舒服。这地方我留定了，肯定有钱赚。

李渊接着说：“甲商人鼠目寸光，只看见眼前事物的表象，而乙商人却高瞻远瞩，从表象里预见到未来。乙的远见卓识远远高于甲。真正有所成就的人，必须学会西靠，而不要因循旧制。”

李世民在以后和他的兄弟们明争暗斗中，把高瞻远瞩的战略思想充分运用起来，最终脱颖而出。

教育成果

高瞻远瞩，未雨绸缪

如何能争过自己的对手呢？面对这个问题，李世民自有良策可行，他的秘诀在于凡事要有获胜的把握，就必须有超前意识。身为军人，不打无准备之仗的信条时常在提醒着他。

李世民深知，要想实现自己的政治抱负，就必须有自己的政治势力。关于这方面，其实早在晋阳起兵前，李世民便有所留心。在晋阳“密招豪友”，通过“推财养客”的手段，培植、结交了一些地方势力，这些人对李世民“莫不愿效死力”。

如果说此时的李世民是为起兵反隋而网罗人才的话，似乎是无可挑剔的，而在李唐政权建立、其兄李建成被立为太子之后，李世民借统一战争之机广泛搜罗人才就很难说不是另有其图了。这一时期在他所搜罗的人才中有一名叫杜如晦的人，此人在隋时已被人视作“当为栋梁之用”的人物。平定长安后，李世民将他引为秦王府兵参军，不久又被李渊调离秦府，任陕州总管府长史。当时秦王府记室房玄龄向李世民说：“府僚虽多，但都没有真才，杜如晦聪明过人，王佐之才也。如大王守藩端拱，无所用之；必欲经营四方，非此人莫属。”

李世民闻听大惊，道：“是的，你不说我差点忘了此人。”

李世民遂奏留杜如晦为府属。可见，此时的李世民已有“经营四方”的大志。由于李世民对杜如晦、房玄龄等早期人才的搜罗，此风已开，一千才俊便逐渐形成了以秦王李世民为核心的政治集团。

在统一战争中，李世民又乘机网罗了大批将才，使自己的手下有颇多名将。如在破刘武周时招抚的著名将领尉迟敬德，此人不但在洛阳之战中救李世民于单雄信槊下，而且在后来的玄武门之变中亦有上乘表现。又如屈突通，原为隋朝大将，其人性刚毅，好武略，善骑射，后兵败降唐，乃为秦王府行军元帅长史，并从平薛举，又讨王世充，功不可没。

这样的人才后来更多。再如刘师立，初为王世充将军，洛阳平定后，本当诛戮，但因秦王惜其才，特免其死，为左亲卫，成为手下的亲信。张公谨初为王世充洧州长史，降唐后，因尉迟敬德的推荐，被秦王引入幕府成为心腹。秦叔宝、程知节原从李密，后归王世充，但他们认为王世充“器度浅狭”，不是拨乱之主，非托身之所，故于两军阵前归唐。又如侯君集、李群羡、田留安、戴胄都成了李世民的心腹爱将。

作为一个有抱负、有远见的年轻军事家、政治家，李世民懂得，天下动荡不安之时，要靠军事实力削平全国各地割据之雄，而要征伐战斗，就必须依赖于善战的武将。这种方略是在战争时期所通用的。然而，战争毕竟是有阶级性的，战争的目的是获得政权，这个目的一经达到，方略就会变成另一种样子，旧的方略便不再适用于新的形势。

用一个政治家的眼光来看待统一，李世民敏锐地感觉到文治之重于武治的好处。正是凭着这种招揽人才的思想，李世民引入并重用了儒生房玄龄和杜如晦。

房玄龄自幼聪敏，在隋时就已被人视为"必成伟器"、有"王佐之才"的人才。李渊起兵后，房玄龄杖策谒于军门，受到李世民重用，成为军中记室参军。他"每军书表奏、驻马之成，大约理赡，初元稿草"。可见其写作能力很强。房玄龄在秦王府十几年中掌典管记，对李世民忠心耿耿。每次战争之后，"众人竞求珍玩，玄龄独先收人物，致之幕府。乃有谋臣猛将，皆与之潜相申结，各尽其为"。秦末，刘邦率军攻人咸阳阿房宫，一些将军们纷纷掠珍玩、掳女人，惟萧何则直奔秦朝的籍簿和文册。房玄龄有轻物重人之德，真是比之汉朝萧何有过之而无不及。李世民身边之所以有如此多的能人强将，与房玄龄的伯乐之德不无关系。

再如杜如晦，在李世民领导的统一战争中，他为李世民运筹帷幄，"时军国多事，剖断如流，深为时辈所服"。

此外，李世民用人不避亲，他所任用的妻兄长孙无忌，从小就和自己是好朋友，随后跟着自己南征北战，立下汗马功劳。

李世民以武定祸乱，出入行走之时，跟随的都是骁武的勇士。到了天下已定之时，又建立弘文馆，招揽了诸如于志宁、姚思廉、苏世长、薛收、褚亮、盖文达等人才。这些人后来便成了李世民政治上的决策团，也是他的智囊团。

由此看来，从晋阳起兵开始，李世民便结纳英杰，在进兵关中以及统一全国的过程中，身边形成了一个文武俱备的政治集团，他们当中几乎集聚了唐初的全部精英人物。全国统一的局面刚一形成，李世民便在自己智囊团的谋划下，极其迅速地把用人重心作了调整，开始搜罗文治之才。从此，李世民的秦王府中不仅具有统一天下的武将，并且也具备了治理天下的文臣。这时候，李世民同李建成争夺皇位的斗争已是大势所趋。

与此同时，考虑到李世民的兄长李建成也在大唐统一的过程中大力栽培自己的势力。并且，由于李建成是李渊的长子，按照立嫡长子的传统，他理所当然地会被李渊当作皇位继承人来培养，无形之中会占有不少优势。李世民要想与李建成比个高低，难度自然是不小的。有鉴于此，李世民必须准备得更周密些才好。

李建成身边也和李世民身边一样围绕着一群人才谋士。

当看到李世民势力日盛，李建成集团的人当然也不敢轻视，他们也积极地活动，以便未雨绸缪，与李世民共争未来。

现代教育点石成金

开发孩子高屋建瓴的思考能力

“并不是每个人都可以成为领导人。领导能力来自童年能力的培养和工作上的锻炼。”这是世界上最大的高级管理人才顾问公司——光辉国际的观点。

(1)建立一个合理的知识结构

对于一个人来说，和人沟通交往的能力很重要，要懂得人和人之间的关系，了解他人的需要，因此，从小就要给孩子机会和其他的孩子交往。远见是第一位的，因此要从小让孩子建立一个合理的知识结构，不要一味地让孩子读课本，应该让他们多看一些不同领域的书刊杂志，知识面广一些。太专门化会对人格的发展产生不良影响。

(2)辩论，一道亮丽的风景线

辩论可培养孩子高屋建瓴地思考重大问题的能力，能够使他们在解决一个个问题的过程中不断提高自身素质，并且不断地体验到自身的价值。辩论，应是孩子学习生活中一道亮丽的风景线！

在任何时候，我们有理由相信，动态的事物远比相对静止的事物更富有生命活力。包括人的思想认识在内，随时参与思想交流的大脑总比习惯于按部就班地顺从别人的意见的大脑更充满理性、创新和远见卓识。循着这一个基本规律去有意识、有目的地引导、培养和发展孩子，尊重孩子的个体发展，那么，孩子的灵感、自主意识和创造性思维活动就一定能被激发出来。

(3)提出违背常规的问题

能提高孩子思维能力的问题是趣味性强、令人迷惑的，激发想象力、没有固定答案的问题。要激发孩子的想像力可以试试提出这类问题：要是所有汽车全部漆成黄颜色的，会有些什么正面效果，反面效果？"(好处是可以降低汽车的油漆成本；坏处是在停车场难找车子。)

(4)让孩子获得成就感

家长应该提供一些能够开发孩子潜能的机会，让孩子在实践中认识到做事情要有远见，比如说下棋、玩游戏等等。

从娃娃开始及时引导。有位母亲通过朗读简单的诗词引导她5岁的孩子思考问题。她先读一首诗：如果世界上堆满了馅饼，如果海水全部化为墨水，如果所有的树都结满面包和奶酪，那么，我们喝什么？然后，她问孩子："一个句子以'如果'开头，是不是意味着它不是真的？"由此引起孩子联想出一连串问题。培养孩子边读书边思考的习惯，将使孩子终生受益。

提出问题让孩子思考，领孩子去博物馆，与孩子一同阅读，同孩子一起看电视的时候，要有意识地提出问题促使孩子发挥想像力。参观博物馆时不要走马观花，简单地欣赏作品，不妨提出"恐龙如果复活了，地球会变成什么样"之类的问题。

在生活中体会到自己的价值，让孩子获得成就感，这些都是对孩子的鼓舞，有利于孩子高瞻远瞩、高屋建瓴性格的形成。

(5)打破传统观念

人类进步的历史就是不断彻底改变传统观念的历史。爱迪生发明电灯前，人们满足于油灯照明；若不是计算机带来根本性变革，会计们只能够终日在纸张、笔墨、账簿中忙碌。孩子们很少受传统观念的束缚，更喜欢对"从来如此"的事情质疑。父母应该鼓励孩子一辈子都保持大胆质疑、勤奋探索的习惯。

(6)尽可能地听取不同意见

小孩子大多数只顾说出自己的想法，没有耐心去等待别人把话说完和简单地重复说过的内容。由于听不进别人的意见，就容易忽略那些能开阔视野的见解。因而要引导孩子听取别人的意见。例如孩子说邻居家的小伙伴是"笨蛋",就要让他去问问哥哥、姐姐对那个孩子的评价。这就可能使孩子看到自己未曾想到过的方面。同样,让孩子留意新闻、广播等等对同一事实的种种不同分析,对孩子学会集思广益大有好处。

第七章

良好的习惯伴孩子跋山涉水

一个人也许没有很好的天赋，但是，他一旦有了好的习惯，就一定会给自己带来巨大的收益。这些良好的习惯和品质使他在机会来临之时，或大胆出击，或顺应历史发展的潮流，成为时代的弄潮儿，最终踏上了成功之路。相反，有许多曾经非常辉煌而成功的人士又因为其本身所固有或隐藏着的坏习惯在某一时段的定时爆炸而遭受了很大的损失……

历史镜头

成由勤俭败由奢

有一天，顺治帝见玄烨正在习字，就一声不响地坐在一旁，看玄烨写字。玄烨见父皇到来，请安之后，很是紧张，握笔的手都抖个不停。顺治于是笑着说，你停下，朕来教教你写字如何？玄烨答道，谢父皇，儿臣正苦于握不稳笔。顺治笑道，什么握笔呀身姿呀我都不教你，这些基本的由你们老师来教。我来教你根本的。掌握了根本的写字方法，你的字，才会长进，我教你的就是八个字：人无品格，下笔无方。

顺治对儿子说："人，必先有人格，尔后才有字格；人无品格，下笔无方。秦桧并非无才，他书法相当不错，只因人格恶劣，遂令百代世人切齿痛恨，见其手迹无不撕碎如厕或立时焚之。据说留其书不祥，会招祸殃，实则是憎恶其人，自不会美其作品了。"

玄烨说，儿臣知道啦。

顺治说，朕再教你三点做人的道理：

其一，不满于奢靡陋习。

顺治说，古人以俭约为美德，今人以俭约而遭讥笑，实在是要不得的。顺治又说，近几年来，风俗颓敝，讲排场，摆阔气，当差的走卒穿的衣服和士人差不多，下地的农夫脚上也穿着丝鞋。为了酬宾会友"常数月营聚"，大操大办。朕非常痛恶这种糜烂陋习。

其二，提倡节俭美德。

顺治赞扬了宋真宗、仁宗时李亢、鲁宗道和张文节等官员的俭约作风，并为儿子援引张文节的话说："由俭入奢易，由奢入俭难。”告诫儿子这句至理名言是“大贤之深谋远虑，岂庸人所及哉”。接着，顺治又援引春秋时鲁国大夫御孙说的话：“俭，德之共也；侈，恶之大也。”接着，他对道德和俭约的关系作了辩证而详尽的解释。他说：“言有德者皆由俭来也。夫俭则寡欲。君子寡欲则不役于物，可以直道而行；小人寡欲则能谨身节用，远罪丰家。”反之，“侈则多欲。君子多欲则贪慕富贵，枉道速祸；小人多欲则多求妄用，败家丧身。”

其三，教子力戒奢侈以齐家。顺治为了教育儿子警惕奢侈的祸害，常常详细列举史事以为鉴戒。他曾对儿子说过：西晋时何曾“日食万钱，至孙以骄溢倾家”；石崇“以奢靡夸人，卒以此死东市”。近世寇准生活豪侈冠于一时，“子孙习其家风，今多穷困”。

顺治还不断告诫孩子说：读书要认真，做事要踏实，生活要俭朴，表面上看来皆不是经国大事，然而，实质上是兴家繁国之基业。正是这些道德品质，才能修身、齐家，乃至治国、平天下。

教育成果

克勤于邦，克俭于家

康熙帝非常注意严惩贪官。他对贪官深恶痛绝，一旦发现，必加严惩。他说，别项人犯尚可宽恕，贪官之罪断不可宽。因为不加严惩，不能起到警戒作用。一次秋审，他就亲自勾决了一批贪污要犯，以儆其他。对一些封疆大吏，他要求更严。如陕西巡抚穆尔赛贪赃枉法。他说，对这样秽迹显著的要犯，不用重典，何以示惩，应立即处死。从 1681 年起的 25 年里，他惩处的总督、巡抚一级的贪污分子，就达 26 人。康熙帝严惩贪污分子，对贪污行为起到了很好的遏制作用。

与此同时,康熙帝也特别重视对廉吏的奖励。他说,治理天下应以惩贪奖廉为最重要。贪婪者惩,一以儆百;廉洁者奖,一以劝众。什么是清官呢?他认为,选拔官吏,一定要德胜于才,这是最可贵的。这种德胜于才的清廉之士,就是清官。为了使官吏廉洁成为一种风气,他一再下诏让在朝各官推举清官。他自己也亲口表彰了一批清官。著名的有山西的于成龙,说他是"今时清官第一"。

康熙帝慎选官吏,惩贪奖廉,取得了较好的效果。康熙一朝,政治比较清明。

康熙帝对自己的要求很严。他崇尚节俭,训曰:"朕所居殿现铺毡片等物,殆及三四十年而未更换者有之,朕生性廉洁,不欲奢于用度也。"康熙十一年,圣祖谕礼部曰:"帝王致治,首在维持风化,辨别等威,崇尚节俭,禁止奢侈。故能使人心淳朴,治化休隆。近见内外官员军民人等,服用奢靡,僭越无度。富者趋尚华丽,贫者互相效尤,以致窘乏为非,盗窃诈伪,由此而起。人心嚣凌,风俗颓坏,其于治化所关非细。今应作何分别,务行禁止,著九卿、科道会同,严加确议定例具奏。"他说到自己的衣着:"我自从即位以来,办一切事,都提倡节俭。我身上穿的是普通的衣服,脚上着的是一般的布袜。"其实真是如此。还是那个法国人白晋,在给法国国王的信里写道:"他喜爱简朴,甚至在他的衣着和他的一切生活用品上都能看到。"他在位60余年,始终爱惜物力,提倡节俭,并身体力行。由于他的提倡,官场有一股节俭的风气。这对于追求奢侈的腐败官风,有一定的警戒作用。

现代教育
点石成金

孩子不节俭，板子该打谁

一对年轻的父母带着刚上小学不久的女儿去逛街。在一个繁华的路口，有一位老爷爷正在卖报纸。父亲从口袋里掏出出4元钱交给女儿让她去买10份报纸。女儿买回晚报，父母一起跟她商量：按原价把晚报卖出去，看看我们能不能很快卖完。女儿在父母的支持与帮助下，费了不少时间才把10份晚报卖出去。然后，父母让小女儿去问卖报的老爷爷，一份报纸能赚多少钱。孩子从老爷爷那里知道，卖一份报纸只赚几分钱。她算了一笔账，花了这么长时间才能挣几毛钱，而且还得费很多辛苦和口舌。“爸爸、妈妈，我以后可不能随便花钱了，挣钱太不容易了。”父母肯定了孩子的想法，及时表扬了她。这个女孩后来很懂得节俭。

这是一个真实的故事，那对年轻父母经过认真思考，才采取了这样的教育方法。他们是家庭教育的有心人。

现在的孩子多数不懂得节俭，乱花钱、随便浪费的现象相当严重。有一所小学，捡拾的物品堆满了一间屋子，大至皮夹克，小至铅笔、橡皮。学校多次广播，要求孩子们去认领，却没有人去。一次家长会上，校领导讲了这件事，说再不认领就处理给废品收购站了，也只有几个家长带着孩子去认领。这情况不能不引起我们深思。

我们不应该忘记中国的古训：成由勤俭，败由奢。成功由勤劳节俭开始，失败因奢侈浪费所致，即使到了很富裕、很有钱的时候，这个朴素的真理也不会过时，何况我们是发展中国家，我们的人民仅仅走在奔小康的路上。节俭是一个人的重要品质,很难想象,一个从小大手大脚随便浪费的人能创造一番事业,建设好家庭。

孩子不懂得节俭,不能怪孩子,我们大人有责任。社会上的许多传媒起劲地宣传吃好、穿好、用好,刺激孩子盲目消费的广告形形色色。家长出于疼爱"独苗苗",迁就孩子花钱自不必说,就连家长自身也往往产生了非合理消费的心理——攀比、从众、追时髦、喜新厌旧等等。时代变了,人们的消费观念确实应该改变。随着经济收入的增加,人们吃饭更讲营养,穿得更美,用得更可心,自然无可非议,而且应该提倡,但盲目花钱、随便浪费永远是坏事情,是不良品质的反映。

新的时代,应该建立科学的消费观念。人们的消费可以分为三类——生存性消费、发展性消费、享乐性消费。生存性消费、享乐性消费容易理解,发展性消费指为了人的身心健康发展、科学文化素质提高、事业发达所进行的消费。每个家庭的经济情况不同,对孩子如何把钱用在有利于发展上应该认真动动脑子。我们认为,不管花钱多少,以下三条是重要的标准:是否高效益地使用金钱、财物,合理消费,用所当用;是否有利于孩子的发展——形成良好的品质素质、身体素质、心理素质、文化素质;是否杜绝了奢侈浪费、享乐主义。

为了培养孩子节俭的品质,作为家长,我们应该培养孩子节约的良好习惯。

(1)教育孩子正确认识钱

要让孩子从小懂得钱是什么,钱是怎么来的,怎样正确地对待钱财,不义之财绝不可取。对于年龄小的孩子,应联系实际生活给孩子讲解,多引用一些事例。年龄大的孩子,可以跟他专门讨论钱的问题。

(2)教孩子学会花钱

孩子消费行为是由被动逐步走向主动的，从小学低年级开始，就应教孩子买东西，如何用钱，如何找钱，如何选择物有所值的物品。教孩子把钱保管好，防止丢失、被窃。随着年级升高，要让孩子学会先认真思考再花钱，而且逐渐养成习惯，避免盲目消费。有些家长让孩子“一日当家”、“一周当家”、“记收支账”，是教孩子学会理财培养节俭品质的好方法。

(3)教孩子学会积累

孩子手里的零用钱、压岁钱应该计划使用，适当积累。必需的东西才买，可买可不买的不买，把剩余的钱存起来。教会孩子在存钱、用钱的过程中，培养节俭的好品质。

(4)教育孩子懂得量入为出

要让孩子明白，花钱必须有经济来源。每个人每个家庭的经济情况不同，花钱要看支付能力。即使家里很有钱，也要坚持前述的三条标准。

(5)教育孩子珍惜物品，不浪费

让孩子懂得所吃、所穿、所用来之不易，都是人们用汗水和心血创造出来的，随意浪费是不珍惜劳动果实、不尊重劳动的表现。让孩子经常参加劳动，体会劳动的艰辛。有条件的，可以带孩子去参观工厂、农村的生产劳动过程，参观书籍、报刊的印制过程。

当然，培养孩子节俭的品质，首先应该从家长做起。家长从认识到行为，都应给孩子做出好样子。

节俭的美德是传家宝，在孩子身上应得到继承和发扬。

历史镜头

勤，人君的品格

《易经》中有这样一句话，“天行健，君子以自强不息”。古人认为，在社会生活中，一个有道德的人，就应当学习和效法自然界的生生不息、日新月异的精神，在人生的全部过程中，自力更生，发愤图强，不断前进，勇于拼搏。“自强不息”还意味着一种开拓创新的精神，要不断地有新的成就。人的一生，只有在这种新的追求中，人的生活才能更有意义，才能感觉到人生的幸福和快乐。

顺治教育孩子，善于帮助他们树立目标以增强其信心。在帮助玄烨练习书法的时候就有很好的证明。顺治说：“善书法者虽多出天性，大半尤恃勤学。朕自幼好书，至今虽极匆忙时，必书几行字，一日亦未间断，是故犹未至于荒废。人勤习一事，则身增一艺，若荒疏则废弃也。”

在教育孩子正确对待成败的问题上，顺治也有很好的阐释。顺治说：“读书以明理为要。理既明则中心有主，而是非邪正自判矣。遇有疑难事，但据理直行，则失俱而无可愧。《书》云：学于古训乃有获。勤，人君的品格，记之。”顺治告诉孩子，读书明白事理最为要紧。事理明白了，那么心中就有主心骨，一切是非邪正就能够分辨出来。遇到有难以解决的事，只要按照道理大胆地去做，即使失败了，都无愧于人，无愧于心。人最重要的是要有勤的品格，作为人君一定要知道。

在激励孩子勤劳的教育中，顺治说："盖深念民力惟艰，国储至重，祖宗所传家法，勤俭敦朴为风。古人有言：以一人治天下，不以天下奉一人。以此为训，不敢过也！"

鼓励孩子勤学好问，富有钻研精神，让他们体验到成功的乐趣。顺治说："朕自幼读书，间有一字未明，必加寻绎，勿至明惬于心而后已。不特读书为然，治天下国家亦不外是也。"意思是说，读书要多方探寻、究问，把它弄到彻底明白，心里才踏实。不仅读书是这样，治理国家也毫不例外。知之为知之，不知为不知。做事做人都应该这样。

"自强不息"是一种积极的人生态度，也是一种人生追求的境界，是对人生意义的深刻认识和理解。一个人只有对生活充满热情和信心，才能始终如一地坚持这种生命不息奋斗不止的精神。

对自己要求"自强不息"，发愤图强；对人要做到"厚德载物"、与人为善，既发挥个人的主动性，创造性，又能协调好同他人的关系，适应社会，那样的人才是真正意义上的成功者。

教育成果

忧劳可以兴国，逸豫可以亡身

康熙帝不仅能想到"修德"，而且身体力行，修身修心。他曾说道："如朕为人上者，欲法令之行，惟身先之，而人自从。即如吃烟一节，虽不甚关系，然火烛之起多由于此，故朕时时禁止。然朕非不会吃烟，幼时在养母家颇善于吃烟，今禁人，而己用之，将何以服人，因而永不用也。”以吃烟这样的小事也要严以律己，可见康熙帝不是一个好说大话的人。

训曰：“世人皆好逸而恶劳，朕心则谓人恒劳而知逸。若安于逸，则不惟不知逸，而遇劳即不能堪矣。故《易》云：‘天行健，君子以自强不息。’由是观之，圣人以劳为福，以逸为祸也。”崇尚勤劳，力戒贪逸。当然，作为皇帝，勤劳无非就是勤政。

康熙帝对于“天文地理及算法声律之学”皆有很深的知识素养，这些皆得益于他多年来勤学所至。康熙十二年，圣祖谕学士傅达礼等曰：人主临驭天下，建极绥猷，未有不以讲学明理为先务。朕听政之暇，即于宫中披阅典籍，殊觉义理无穷，乐此不疲向来隔日进讲，朕心犹然未惬。嗣后尔等须日侍讲读，阐发书旨，为学之功，庶可无间。”

康熙五十四年（1715 年），圣祖谕侍卫内大臣等曰：“朕常进论天文地理，及算法声律之学，尔等闻之，辄奏曰：‘皇上由天授，非人力可及。’如此称誉朕躬，转掩却朕之虚心勤学处矣。尔等试思，虽古圣人，岂有生来即无所不能者。凡事俱由学习而成，务学必以敬慎为本。朕之学业，皆从敬慎中得宋，何得谓天授非人力也？”强调自己的博学并非“天授”，而是靠勤学而至。

康熙十二年，圣祖又谕学士傅达礼曰：“学问之道，在于实心研索；使视为故，讲毕即置之度外，是徒务虚名，于身心何益？朕于诸臣进讲后，每再三细绎，即心有所得，尤必考证于人，务求道理明彻乃止。至德政之暇，无间寒暑，惟有读书作字而已。”后又谕讲官等曰：“人心至灵，出入无乡，一刻不亲出册，此心未免旁骛。朕在宫中手不释卷，正为此也。”康熙不仅自己常学不懈，而且营造勤学的良好风尚。

现代教育点石成金

不需扬鞭自奋蹄

自强不息的精神是中华民族优良的传统美德。早在我国周代典籍《易经》中就讲到:“天行健,君子以自强不息。”汉代典籍《礼记》中也讲到:“知困,然后能自强也。”我们的祖先历来强调,凡是有志气、有道德、有本领的人,必定是自强不息的人。几千年来,中华民族以自强不息的精神历经磨难、艰苦奋斗,创造了伟大的东方文明,屹立于世界民族之林。在无数优秀炎黄子孙的人生轨迹中,都鲜明地印刻着矢志不渝、刻苦勤奋、拼搏向上、自立自强的精神品质。我们的祖先历来告诫年轻人“少壮不努力,老大徒伤悲”,即使对老年人也倡导“老骥伏枥,志在千里”和“不须扬鞭自奋蹄”的自强精神。

我们的家长们都在以自强不息的精神求生存、求发展,家长们无不希望自己的孩子具备自强不息的精神。然而我们看到,有的家长抱怨孩子依赖性太强,什么事情都依赖家长,自己能做的事情也不去做,不会做;有的家长抱怨孩子没志气,缺乏上进心,得过且过,整天疲疲塌塌不见起色;有的家长抱怨孩子经不起一点困难和挫折,不能知难而进,总是知难而退;有的家长抱怨孩子玩心太重,玩起来劲头特别大,一坐下来读书就无精打采,潦草、糊弄,甚至厌学、逃学。孩子不自强,不能怪孩子,是我们的教育——家庭教育和学校教育——不当造成的。有三个主要原因应引起重视。其一,不相信孩子有能力做好一些事情,总是持怀疑甚至认为孩子不行的态度；其二，否定评价和责备太多，肯定评价太少；其三，包办、代替太多，孩子自主性被严重束缚。这些原因积以时日，孩子的自信心越来越弱，没有了自信，谈何自强？

培养孩子的自强精神需要家长与教师共同努力。

(1)帮助孩子树立奋斗目标

没目标就没有奔头。每个孩子情况不同，目标要切合实际，不能定得太高，让孩子“跳一跳，够得着”。如果定得太高，总也达不到，孩子会失去信心。对于问题较多的孩子，目标要具体，内容要少一点，不能一下子贪多，多了达不到，难以建立自信。孩子每达到一个小的目标，就及时肯定，孩子就增加一分自信，增加一点自强精神。

(2)帮助孩子成功

每个孩子都有成功动机，问题再多的孩子，也渴望有成功的机会，品尝成功的喜悦。当帮助孩子订出了具体奋斗目标时，还必须有达到目标的具体措施，比如可行的学习计划，劳动计划，具体内容要求，检查办法等。家长要有自己明确的任务和责任。成功由小到大，在于点滴积累。在追求成功过程中，遇到困难最需要支持、鼓励和具体帮助，这是培养自强精神的关键。

(3)变责备为激励

缺乏自强的孩子，越责备越没信心，严重的会自暴自弃。教育者要转换思维方式，从寻找孩子的缺点为寻找孩子的优点，从否定评价变为肯定评价，从责备变为激励。常用的语言是："这次干得不错"，"有进步，我很高兴"，"好样的，再努一把力会更好"，"你真行"，"好棒，该庆祝一下"，"知错就改，挺好"，"别泄气，失败是成功之母"，"有什么困难，咱们一起想想办法"……

(4)取消包办代替，多给孩子自主机会

不管是在生活中，还是在学习上，凡是应该孩子自己做的，家长就不要越俎代庖。家长应该坚持这样的原则：你能干的，我绝不替你干；你不会干的，我教你干；你让我干的，我要考虑该不该干。如果家长包办代替，孩子就养成依赖性，依赖是自强的大敌。有的家长认为在生活方面多替孩子服务，让孩子把时间用在学习上会有好处。其实不然，生活上的依赖会干扰、阻碍学习上自强精神的形成。有自强精神的孩子，生活上也不依赖家长。

(5)教育孩子正确对待挫折

孩子的成长，必须经过各种考验，教育孩子在遇到挫折时，不灰心，不丧气，总结教训，振奋精神，继续前进。这是培养自强精神的重要时机。让孩子从小懂得"人生无坦途"，"要树立大无畏的精神和勇气。

历史镜头

不学礼，无以立

春秋时期曾发生弑君36次，亡国52个，天下大乱，礼崩乐坏。孔子认为治乱世，必须恢复礼。不仅君王大夫要守礼,“不学礼,无以立。”而且要使礼成为人人必须遵守的行为规范,成为维护社会安定的准则。

刘备熟读经书,在古代的文献中了解到礼对于一个人立身于社会的重要性。尤其是他在私塾时,受到了良好的礼和仁的教育。

礼讲实效,尽其意义。老师教育他:“凡人彼此取与,在所不免。人之生辰,或遇吉事,与之以物,必择其人所需用,或其平日所好之物赠之,始足以尽我心。不然,但与人与我和物,而我亦以其物报之,是彼此易物名而已矣,毫无实意。此等处凡人宜留心。”意思是说,人们彼此间的你取我与是很正常的事,人的生日或者遇到吉利的事,如果要赠送物品,一定要选择对方所需要的或平日喜爱的,这样才足以表达自己的心意。如果不是这样的话,那就是简单的交换物品,没有任何实在意义。这些地方每个人都要留心。

教之以劳,有勇知礼。老师说:“夫民劳则思,思则善心生。逸则淫,淫则忘善,忘善则恶心生。沃土之民,不材,淫也,瘠土之民,莫不向义,劳也。”也就是说,老百姓勤劳就会动脑筋想问题,就会产生善良的愿望。如果只贪图安逸的生活就会放纵自己,胡思乱想。这就是为什么肥沃的土地上生活的老百姓没有出息而贫瘠土地上生活的老百姓无不向往道义的原因。所以说,要先勤勉,而后才能懂得礼的涵义。

克己修身,礼待他人。老师教育他:“恕这种品德的建立,不是无原则地容忍退让为前提的,而是以立大志、高起点为前提的。平时待人接物应谦和,不以权势压人。古人云:“怒是猛虎,欲是深渊。制怒、节欲,于人于己都好。因此,平时要修养自己的身心和心性,不要随便发怒,不要苛责左右的人。”

教育成果

三顾茅庐礼至诚

公元201年，在曹操逼迫下，刘备逃往荆州投靠刘表。刘备自镇压黄巾起义以来，曾先后依附多人，深感自己力量单薄，迫切需要人才。在公元207年，刘备加快了寻访人才的步伐。

他拜访了当时名气很大的颍川司马徽，请求司马徽推荐人才，于是司马徽就向刘备推荐说："我们这里的俊杰就是卧龙凤雏。"刘又问何为卧龙凤雏，司马徽就告诉刘备即诸葛亮和庞统也。没多久，名士徐庶到新野帮助刘备策划军事，也向刘备推荐诸葛亮，他说："我朋友诸葛亮，人称卧龙，是罕见的人才，将军不想见他吗？"于是刘备表示希望见见诸葛亮，并希望徐庶带诸葛亮来。徐庶则说："像诸葛亮这样的人才，只能您去见他，不能随便召他来见您！"

本来，刘备认为徐庶已是个难得的人才，想不到徐庶如此推崇诸葛亮，方知诸葛亮更是人才。于是在公元207年冬天，刘备冒着严寒，三次从新野到隆中拜访诸葛亮，前两次都没有见到，直到第三次，才会见了诸葛亮。这就是历史上著名的"三顾茅庐"的故事。

初次相见，刘备十分诚恳地向诸葛亮求教安定天下的大计，诸葛亮便答以著名的《隆中对》。在《隆中对》中，诸葛亮首先明确了天下的五大势力集团，即曹操、孙权、刘表、刘谭、张鲁五个力量集团。然后又对五支力量进行了具体分析，认为：目前曹操不仅兵力逾百万，而且挟天子以令诸侯，是最大的军阀，不能与曹操争锋；孙权占有江东，已经三代，而且江东地势险要，可以联合孙权作为外援；虽然刘表占据荆州，但他懦弱无能，是夺取荆州的良机；益州地势险要、土地肥沃，但是其统治者刘璋昏庸。因此，诸葛亮建议刘备夺取荆州后即取益州，然后与西南少数民族修好，再和孙权结成联盟，内修明政，等待时机北伐，兴复汉室。

刘备听了诸葛亮透彻的分析后，极为敬佩，于是极力恳请诸葛亮出山，帮助他完成大业。诸葛亮见刘备礼贤下士，心胸开阔，抱负远大，正是自己想要辅佐的人，于是就答应刘备的请求。从此以后，诸葛亮成了刘备最得力的助手。

用礼仪武装孩子

当我们接触一个人之后，常常会给他一些评语："这个人素质高，有风度"；"这个人有教养，谈吐文雅"；"这个人太差劲，连句客气话都不会说"；"这个人俗不可耐，满嘴脏话"；"这个人太邋遢，衣服皱皱巴巴，连脸也没洗干净"……一个素质高、有教养的人，必须有良好的文明礼仪。这样的人，被人尊重，受人欢迎，从心理学上讲，被众人接纳的程度高，有利于建立和谐的人际关系，有利于打开局面，发展事业。如果缺乏教养，不懂文明礼仪，人们采取不欢迎态度，怎么发展事业，立足社会？

礼貌和教养是一种财富。在每一个家庭中，它们都像阳光一样受到欢迎。它们到处携带着光明和欢乐，它们绝不妒忌，对每一个人都给予美好的祝福。

文明礼仪要从小培养，形成良好习惯。还是那句老话:“少成若天性,习惯成自然。”有些家长认识片面,对培养孩子的文明礼仪习惯不够重视。一些家长认为,现代社会讲个人自由,懂不懂文明礼仪没关系,只要学习好、有真本事就行了。这些家长只要留心一下周围人物,注意一下大众传媒,事业有成的人有几个不懂文明礼仪?现代社会的确尊重个人的选择,自由度大了,然而对人的文明礼仪要求更高,因为文明礼仪是社会文明程度的重要标志。现代社会大雅之堂越来越多,家长都不想自己的孩子成为难登“大雅之堂”的人。一些家长认为,小孩子天真无邪,想怎样就怎样,长大了就懂得文明礼仪了,这也是误解。一方面,孩子从小不培养好习惯,就必然形成坏习惯,坏习惯形成了,再改就很难。想一想,现在有些孩子说话没大没小,家里来客人不懂礼貌,饭桌上挑挑拣拣旁若无人,浑身汗味不洗,指甲老长不剪……这些孩子如果不教育、不矫正,会在某一天早上突然变个样吗?另一方面,在孩子小时候培养文明礼仪习惯,与孩子天真无邪表现并不矛盾,越是懂礼仪的孩子,越能获得自由发展的广阔天地,因为他是受人们欢迎的人。

(1)个人礼仪

个人礼仪包括仪容仪表、仪态举止、谈吐、着装几个方面。从仪容仪表说,主要要求整洁干净,脸、脖颈、手都应洗得干干净净;头发按时理、经常洗,指甲经常剪;注意口腔卫生,早晚刷牙,饭后漱口,不能当着客人面嚼口香糖;经常洗澡、换衣服,消除身体异味,有狐臭要搽药品或及早治疗。从仪态举止说,主要从站、坐、行以及神态、动作提出要求,古人对人体姿态曾有形象的概括:“站如松,行如风,坐如钟,卧如弓。”优美的站立姿态给人以挺拔、精神的感觉，身体直立、挺胸收腹、脚尖稍向外呈“V”字型，忌讳无精打采、控脖、耸肩、塌腰；正式场合不能叉腰或双手交叉；坐姿要求端正挺直而不死板僵硬，不能半躺半坐，两腿间距与肩同宽，不能叉开，双手自然放在膝或扶手上，大方得体；走路要求挺胸抬头，肩臂自然摆动，步速适中，忌讳八字脚、摇摇晃晃，或者扭捏碎步；表情神态要求表现出对人的尊重、理解和善意，面带自然微笑，忌讳随便剔牙、掏耳、挖鼻、搔痒、抠脚等不良动作习惯；从谈吐方面说，要求态度诚恳、亲切，使用文明用语，简洁得体，不能沉默无言，也不能自己喋喋不休，要认真倾听对方讲话，交谈时忌讳东张西望、翻看其他东西。交谈人多，不可只跟一人谈话而冷落其他的人。从着装方面说，要求干净、整洁、合体，忌讳皱皱巴巴。

(2)公共场所礼仪

公共场所礼仪包括走路、问路、乘车、购物、在影剧院等方面。走路除了注意体态、姿势之外，要遵守交通规则，遇到熟人要打招呼，互致问候，不能视而不见；如见到熟人需要交谈，应靠边或到角落谈话，不能站在道路当中或人多拥挤的地方；行人互相礼让，青年人主动给长者让路，健康人主动给残疾人让路。向别人打听道路，先用礼貌语言打招呼，如“对不起，打扰您一下”、“请问”等，年轻人问路应选适当称呼，如“老爷爷”、“阿姨”、“叔叔”等，然后再问路；听完回答之后，一定要说：“谢谢您！”如果被陌生人问路，则应认真、仔细回答，自己不清楚，应说：“很抱歉，请再问问别人。”到商店购物，不可以“上帝”自居，要用礼貌语言，忌讳用“喂”、“咳”等字眼，购物之后也应说“谢谢”。在影剧院里，不能大声喧哗，不能乱扔纸屑、果皮；尽量提前一点儿到场、入座，如果迟到，入座时走姿要低，速度要快；看真人演出，要尊重演员，适时礼貌鼓掌；演员谢幕时，不能提前退场。乘坐公共电、汽车、火车，人多拥挤，要照顾老人、小孩和残疾人；人与人之间互相挤撞，不要恶言恶语，要抱理解、宽容态度；要保持车上卫生环境，不乱扔东西；学生上车不要抢座。

(3)待客与作客礼仪

家中来客人，要事先有所准备，把房间收拾整洁。中小学生也要学会以主人身份招待客人。迎接客人进屋，帮助客人放衣物，请客人在合适的位置落座。问客人喝什么饮料，主动送上。要双手呈、接物品。要主动、大方地与客人交谈。客人要走时应礼貌挽留，说“您再坐一会儿”、“再喝杯茶吧”等。要送客人一段距离，说“再见”、“欢迎您再来”。

去亲友家做客要仪表整洁，尽可能带些小礼品，以表示对主人的重要。在亲友家，不能大声大气，要谈吐文明。不经主人允许，不可随意动用主人家里的东西，即便是至亲好友也应先打招呼，征得主人同意。如果在主人家用餐，要注意用餐时的礼仪：不能抢先入座，不能先动食品；要请长辈先坐下，长辈动筷后再动筷子，双肘不能放在桌子上；饭后，坐好略陪大家一会儿，或者说：“我用好了，请慢用。”然后再离座去别的房间休息。告别时，要说感谢的话，如“今天真高兴”、“欢迎到我家去”。

以上我们介绍了生活中一些基本礼仪，难免挂一漏万。家长要提高自己的礼仪意识，如果自身不重视礼仪，就无法教育培养孩子。礼仪就表现在生活之中，只要家长重视，以身作则，随时说明要求，按要求去坚持训练，发现孩子有不讲文明礼仪的行为，及时指出并当时改正，这样就能逐步培养起孩子的文明礼仪习惯。

我们希望所有的家长、所有的孩子都成为有气质、有风度、有教养的现代文明人。

历史镜头

不积跬步，无以致千里

“勿以善小而不为，勿以恶小而为之”，这是刘备在弥留之际告诫儿子的话。世上之事成败常常在细节之中。谁会想到关键时刻是细节让你出类拔萃，也是细节让你名落孙山。

祸患常积于疏微，而智勇常困于所溺。细节不小，从一个细节中我们有时可看出事态的发展趋势。当纣始为象箸，箕子就曾叹曰：“彼为象箸，必为玉杯；为杯，则必思远方珍怪而御之矣。舆马宫室之渐自此始，不可振也。”

事无巨细，不可懈慢。康熙对孩子说：“近来，因为刑部呈送上来的公文中有一个字错了，我就用红笔加以改正并颁发下去。各部各院的奏折、奏本我都一一通读。别人以为我未必能够做到通览，所以，每每有疏忽之处。因此我在所看的全部奏折中，一旦发现错别字，就加以改正。战争年代，奏章很多，我都一一通览，无一遗漏，只要有心去看，那又有什么困难呢？所以说，做任何事情都不要有懈怠、拖延的念头。或许，有人会说，大行不顾细谨，大礼不辞小让，做大事不拘小节。于此，我只想说：大丈夫应扫天下，但一屋不扫，更何以扫天下！”

心小胆大，防患未然。康熙告诫孩子：凡人于无事之时，常如有事而防范其未然，则自然事不生。若有事之时，却如无事，以定其虑，则其事亦自然消失矣。古人云：心欲小而胆欲大。遇事当如是也。康熙告诉孩子的是要有一种“任凭风浪起，稳坐钓鱼台”的大将风度，强调了“心欲小”的道理。

“泰山不拒细壤，故能成其高；江河不择细流，故能就其深。”细节决定成败。在当今中国，想成功的人很多，但愿意把小事做好的人很少。须知伟业固然令人神往，但构成伟业的却是许许多多毫不起眼的细节。只有做好每一个细节，才有可能成就伟业。我们唯有改变心浮气躁、好高骛远的毛病，脚踏实地，从小事做起，注重细节，方能成功。

因此，要成功，就得从细节注意起。

教育成果

致广大而尽精微

雄才大略的康熙皇帝，是个极细心的人，1696 年他第二次亲征噶尔丹时，对留守京城的皇太子送往军中奉献给他的物品，一一亲自检验，结果发现那些包裹存在捆绑不严实的问题，为此他在奏折的朱批中郑重指出：“所有送到朕处之物品，经皇太子亲自验视才好，所送鹿尾包裹松散，想是发送前并未经皇太子验看，送到时均已残破。凡朕送往京城物品，俱经朕亲自看视包裹。将此情形告知负责包裹之饭上人，无脸小人，甚属不敬！”

虽然那时康熙对皇太子十分溺爱，最后把板子打到“饭上人”即奴仆身上，这些人也一定因此倒大霉甚至性命难保，但他因皇太子在这个似乎是细节问题上的失误而产生的不快，显然是难以消除的。皇太子对父皇的这一批评竟不重视，其实那些包裹并不需要他亲自捆绑包扎，他只要在命令“饭上人”捆绑包扎时，注意在一旁监督就是了，这算多难的事务呢？他却一再地掉以轻心，1697年康熙第三次亲征噶尔丹，他送去的包裹依然多有松散，以至康熙在朱批中干脆这样写道：“若完好送到则已，若又有破损，嗣后勿得再送！”1708年皇太子被康熙废掉（后来虽一度复立终于还是被彻底废掉终生禁锢），原因很多，所谓“风起于青萍之末”，但他在给康熙寄送包裹时一再地不能捆绑包扎严紧这件事情，也是一个因素，或者就是那“青萍之末”。

不能小看捆绑包裹这样的“小事”。1718年，康熙派十四王子挂帅远征准噶尔，其后四年间，不断派人驰驿送去各种物品，那时康熙已逾花甲，但他对送往十四王子的东西无不亲自检验，监督捆绑包扎，遇有原来没送去过的新奇物品，他还逐件亲笔写明名称，分别放在每个包裹内，这在现藏故宫的满文朱批奏折档案中，多有记载。

十四王子可不像当年皇太子那样，把捆绑包裹一事看为“细枝末节”，他深知所捆绑的其实是诚信，也就是从这个行为里要充分体现出对父皇的忠诚与办事的信用，他所驻扎的西宁离京城极其遥远，那时的驿路哪比得了现在的国道？运输工具落后，费力费时，颠簸难免，更兼风霜雨雪，辗转搬运，莫说是不认真捆绑包扎，就是极其妥帖地捆绑包扎，按说有个别的包裹松散也在所难免吧，但他却能做到捆绑包扎时一个一个地仔细检验，送抵京城后竟绝无一例松散，里面所装的东西也绝无一例破损变质。1719年他在西宁亲自监制了用当地撒尔鲁克牛奶制成的奶皮子，按月饼样式制做的乳饼、果蛋等精美食品，连同其他土特产，赶在中秋前送到了康熙面前，令康熙欣悦万分，现在还可以从满文档案里看到喜形于色的朱批："尔遣人送来的东西都很洁净，送到时完好无损。朕原先就闻知撒尔鲁克奶油，其奶子、奶皮、乳饼等，从未吃过，今日品尝，确是出类拔萃的好奶子！"

康熙是个封建皇帝，他对包裹捆绑是否严实的细节重视，特别是从这样的"小事"里去考察接班人的缜密用心，当然是出于皇权永固的目的。现在时代已经大有不同，但这样的历史事实对今天的人们也能有所启迪。我们现在常说要"改善投资环境"，一位外商先后到了两处地方，两处决策人士对其都热情接待，但最后他舍甲而取乙，为什么？因为他觉得甲处对项目的设想粗疏，而接待中却泼撒花费，正如捆绑包裹十分马虎，今后必定散落破损；而乙处在项目上论证严谨，接待上礼数周到而注重节约，正如捆绑包扎得严实细密的包裹，可运行万里而绝不变形。现代市场经济尤其讲求交易、合作各方的诚信，各种契约要经得起反复推敲，达到滴水不漏般细密，执行中各方绝不能松散变质，这才能使最后成果"洁净"而"出类拔萃"。

康熙式关注捆绑包裹态度效果的眼光，到现在还是有参考价值的。而个人投入社会，谋求发展，比如去参加面试，其实也正如演练捆扎包裹，当然现在我们不是像康熙的王子们那样惟求取悦于皇帝，而是要通过自己聪明才智的被认可与酣畅发挥最终有益于人类，但在恢弘的系统工程里，注意把握好每一个细节，把捆绑包裹般的"小事"，视为捆妥诚信，依然是至关重要的。

现代教育
点石成金

细节成就孩子一生

生活的魅力就在那些并不起眼的细节上，细节，是每一个人都会说不能忘记却又常常忘记的地方，它是如此的平凡，平凡得在我们生活中随处可见，但却是那么的重要，因为我们每一次重大的进步都是在无数次细节上努力的基础上得来。从细节上教育孩子，让孩子从小就知识他们应该从身边的事情开始一步一步达到人生的完美；从细节上教育孩子，让我们的孩子一生都能做到“毋以善小而不为，勿以恶小而为之”；从细节上教育孩子，让我们的孩子先学会“清扫自己的小屋”后才能大展拳脚“扫遍天下”。

(1)寻找孩子的道德细节

教育孩子，要寻找孩子的道德细节：培养孩子具备高尚的道德情操，不仅是学校单方面的事情，也是家庭和社会的责任。比如，学校里教给孩子们要爱护公共财产，遵守交通规则等，可就有不少大人带着孩子逛公园时随地乱扔纸屑，随口吐痰；过马路时，坚决地闯红灯；在公共汽车上，不给老幼病残让座。这些行为都会潜移默化地教给孩子形成不好的行为习惯，也就不可能具备良好的道德情操了。

(2)培养孩子的责任细节

教育孩子，要培养孩子的责任细节：让孩子有责任心，家长们首先应该具备。比如别人委托的事情，父母亲一定想尽办法去完成，为孩子树立榜样。不然孩子就会想，为什么你们大人都不言出必行，而要求我非得做到呢？孩子如果责任感缺失，就会缺乏抑制力，经常会被社会上的不良现象所诱惑，比如撒谎、作假、偷盗等。许多家长埋怨是网吧害了孩子，其实这是孩子缺乏责任感的一种表现，他们想逃避繁重的学业，想逃避不愿意做的事情，所以，就选择了刺激性很强的网络游戏，整天沉迷其中。

社会环境对孩子成长的作用更不能忽视。学校里教的是“仁义礼智信”，社会上却是“坑蒙拐骗偷”。这种“成人有病，要孩子吃药”的做法是不能够培养孩子责任感的。教育孩子一定要从点滴小事做起，从父母亲做起，从社会中的每一位成年人做起，给孩子起到模范带头作用，教给孩子们认识到什么是真善美，什么是假恶丑，什么可为，什么不可为，这才是实践教育的真正意义。

(3)用“细节”爱孩子

与孩子沟通困难是许多家长面临的难题之一，用细节爱孩子能够更加容易地与孩子进行沟通。

沟通从学会敲门开始。有很多父母有传统的观念，认为自己是家里的权威，孩子是属于自己的，怎么做都不为过。这样忽视孩子的尊严。曾有一对父子常常因为很小的事吵个不停，做父亲的又觉得自己是大人，不便动手，但对儿子的精神反抗却是束手无策。后来这个家长向人求助，经了解他就是属于不懂得尊重孩子的家长，常以“我这样做都是为你好”的心态出发，翻孩子日记，随意动儿子的物品。经过分析，这个家长明白了道理，开始改正了方式，进入孩子的房间时学会了敲门。沟通从学会敲门开始，结果父子之间的关系渐渐好转，开始有话可说。

善于倾听。有的家长不是没有方法，有时可能做事比较简单，特别是总认为孩子比较“调皮”的家长，常常没有全面了解孩子的情况，而粗暴对待。他说：“我有个朋友就遇到这样一件事，有一天他发现放学回家的孩子有些闷闷不乐。他就问孩子是否在学校做错事了，被老师批评了。他的孩子沉默不语，半天没说话。他等了好一阵孩子才说打到同学了。朋友听后上去就扇了一个嘴巴，把孩子打哭了。后来经过那个孩子细说才明白，他的孩子在打扫卫生时扔一个废纸篓，由于下楼时走得快，一不小心摔一跤，将手中的纸篓甩到了一个女生的脸上。他还及时地道了歉……这种情况下，朋友的行为过于草率粗暴。所以，家长要养成一个全面倾听的好习惯。”

及时地鼓励孩子。有一个让人感动的例子，有一对下岗职工，他们的女儿腿略有点跛，但是家长从孩子小时候开始，就对孩子从不迁就。该怎么要求就怎么要求。这让孩子一开始就懂得自我尊重，后来女儿考上了辽宁大学，并且在沈阳找了一个好工作。据这个孩子的父母讲，孩子从小学到大学最后到工作，始终都得到身边人的尊重。所以，家长对孩子最大的尊重就是要让孩子懂得自我尊重，不给孩子找客观理由。当然，如果能在孩子取得小小进步后都适时地给一些鼓励的微笑或拥抱，更会让孩子感到巨大的动力。

第八章

向杰出人物学厚重的处世智慧

即使事态与你相逆,你也绝不要逆流而动。任何事物都有两面。如果你去抓的是刀刃,最好的事情也会伤害你;而如果你抓刀柄,最有害的事情也会保护你。处世的技巧就是如此。

历史镜头

学会低头，才能更好地抬头

介之推是当年晋国的贤臣，侍奉公子重耳(后为晋文公)，实为重耳的老师。晋国发生内乱，公子重耳被迫逃亡国外，介之推不畏艰难困苦跟随重耳流亡；曾经割自己的腿肉熬汤，献给重耳。

在重耳小时候，介之推对他进行了良好的教育。

为人之道，该方则方，该圆则圆。介之推告诉他：遇事该方则方，不该方时就要圆熟一些，尤其是在遇到将要对自己不利的形势时，应将刚直不阿和委曲求全结合起来，可随机应变，先保护自己以委屈求伸。能屈能伸，刚柔兼济，从来不失为男子汉大丈夫的气度和风范。一时的低头是为了长久的抬头，正如暂时的退让是为了更好地前进。

“厚脸皮”不仅是一种本事，而且是一种资本。在必要的时候脸皮厚一点，只要对自己当时的形势有利，是一种值得提倡的智慧，这和怯弱是两回事。

介之推还告诉重耳春秋时燕离的故事：春秋人燕离，面容憔悴，宛如病夫，但他却是极负盛名的击剑高手。无数雄壮有力的剑客不须一二回合，便会在他面前人仆剑落。什么原因呢？实际上原因并不复杂。

燕离有一段耐人寻味的话：有力气的人，全想以刚胜人，我力不如人，就要懂得刚柔之道的技巧。我自知力不如人，就不想必胜于他们。我必须首先自卫而免害，时时以哀哀之心待之，死中求活，待机而发，故不求胜而自胜。

介之推说："燕离的聪明完全来自于他对自身条件的清醒认识，他如果只想以刚胜人，恐怕练上一辈子也赶不上一个天生神力的壮汉，所以其赖以制胜的法宝就是以柔克刚。以柔克刚，水滴石穿；柔人有术，生存妙道；刚中有柔，圆通无碍；柔中有刚，绵里藏针。人存于世，没有永远的强者，也没有永远的弱者。"

重耳饱读诗书，在古人的故事中渐渐地明白了老师的用意，在古人的经验中，获得了做人的智慧，该低头时就低头，但是不能一直低头，即算低头也是为了更好地抬头。

人生漫长，变幻莫测，在前行的道路上难免品尝碰壁饮恨、伤痛失意的苦涩滋味。碰壁并不可怕，可怕的是碰不回头，痛不思变。在厚重坚固的"门框"前面，暂时的低头并不意味着卑屈和纡降人格，更不表明失去原则和自尊，而是一种艺术的处世方法和智者的表现。其实在很多情况下，很多人为了抬头，他们经常是低头的，他们在默默的努力中证明自己。

学会低头，也就学会了审时度势，把握全局，小忍大谋。学会低头，就能顺利跨越生活中意想不到的低矮"门框"而免受无谓的伤害。

教育成果

人在屋檐下的处世智慧

"勇"，是决断力。进固是勇，但退也是勇。当情形有利时，应立刻向前进；当情形不利时，能够马上撤退，如此能屈能伸，才是英雄本色。

到什么时候说什么话，人在屋檐下的时候，就不得不低头。低头不能失去自我。晋文公就很好地把握了其中的分寸，运用自己的智慧，摆脱了曹国的纠缠，回击了楚国的要挟，维护了自己的尊严。

当重耳一行人离开齐国，直奔宋国。从齐国到宋国，要途径曹国。曹国的国君是曹共公，刚刚登基不久，是一个胸无大志的家伙，只知道吃喝玩乐，周围聚集了一群只会溜须拍马的小人。

曹共公手下的那帮小人听说重耳贤明，手下又有一批英雄豪杰，自然是不喜欢，纷纷劝说不要迎接重耳进城。其实，曹共公自己也不想让重耳进城。最后决定让他们在驿馆里住宿。

重耳等人来到驿馆，一路劳顿，都已经疲惫不堪了，本来想在驿馆好好休息，不料驿馆的人送来的是冷水泡的剩饭，连菜都没有。重耳很是生气。这时，驿馆中的人送来一个大澡盆，倒好热水，让重耳洗澡。重耳以为是好事，再加上一路风尘仆仆，就脱掉衣服洗澡。没想到曹共公带着几个亲信闯了进来，走到澡盆前，细看重耳的骈肋，还议论："真的有一块呀，快来看呀……"重耳大怒，但是想到自己身在曹国后，只好强压住怒火。第二天离开了曹国。

重耳来到了楚国，楚国以大礼迎接了重耳。一天，楚成王请重耳打猎，打猎之后，楚成王的兴致很好，又请重耳吃饭。楚成王半开玩笑半认真地说："公子自从来到我国，三日一小宴，五日一大宴，日后公子返回晋国，用什么来报答我呢？"重耳听罢，心中琢磨楚王有要挟之意，我不能失去了大国的尊严。于是不卑不亢地说："美女玉帛，是您丢弃不要的东西；山珍野味，飞禽皮革，是您楚国的特产，我真的不知道用什么来报答您。"楚王笑着说："话虽然这么说，也一定要有所报答，寡人想听听，但说无妨。"重耳见楚王咄咄逼人，就回答说："如果重耳借助大王的声威复归晋国，愿意与大王结为盟国，让百姓安居乐业。如果不得已与楚国交战，我会退避三舍的。"楚王听了，也没有再说什么。

不久，晋国发生了内乱，重耳回到晋国当上了国君。

《老子》也曾经说过："有勇无谋的人，可用赴死之勇气自取灭亡；反之亦可以用相同的勇气，来宣布撤退以全其身，再度应战。"

能理智地权衡事态，做出正确的决断，既有前进之勇，又有撤退之勇，如此能屈能伸，才是英雄本色。

现代教育点石成金

让孩子更多一些"弹性"

不可否认，我们承袭了太多传统恶习，短短数年无法尽除，但我们有必要明白自己的缺失或者传统的伤害在哪儿，才有可能一点一滴的改变僵化，改变不思变通的法子，改以柔软如水的方式让孩子的思维能屈能伸、能刚能柔、能拐弯能抹角、能顺水推舟，而不是毫无转折的余地。

上小学二年级的小明，由于考试成绩差，受到老师批评。谁知他受批评后就想不开，竟想独自离家出走，令家长、老师着实焦急了一阵子。在现实生活中，孩子们类似小明遇到的诸如成绩下滑、上进受挫、家庭变故等挫折并不少见，弄不好会出大乱子。而要使孩子经受住这些挫折的考验，走出低谷，踏上成功之路，一个很重要的方面，就是需要家长培养孩子具备一种刚柔兼备的弹性性格。

(1)培养弹性性格

什么是弹性性格?弹性本来是物理学中一名词,它是指物体在受外力作用下,产生形变,若除去外力后形变随之消失。物理学中有一条定律,它的意思是,在弹性限度内,物体的形变如扭曲、拉伸,均与弹力体的弹力成正比。把这条定律用在孩子性格的培养上,其要义就是使孩子的性格具有弹性,能伸能缩,能够正确对待和处理生活中遇到的各种困境。

有的家长可能会说,“江山易改,秉性难移”,自己孩子的性格已是“出了窑的砖,定了型”,而对培养他的弹性性格缺乏信心,这是不正确的。心理学家告诉我们,性格虽然比较稳定,但又不是一成不变的,它具有可塑性。特别是孩子,性格正在日积月累中逐步形成,如果家长加以正确引导,弹性性格一定会在他的身上诞生。

(2)在活动中培养“雅量”

弹性性格的形成,在很大程度上直接依赖于实践活动的锻炼。家长要根据家庭所处的环境和条件,结合孩子性格上存在的缺点,有意识地进行侧重性锻炼。如孩子是急躁易怒、容易冲动的“火暴型”性格,在实践中应注意让其多干些耐心细致的工作,像缝补衣服、描图、抄写等,逐渐养成其耐性和“雅量”;如孩子是孤僻不合群、沉默不多言、敏感不开通的“闷葫芦型”性格,就要让其多参加集体活动,如棋类活动、扑克游戏、知识竞赛、讲演联欢等,在活动中培养合群性格;如孩子是忧郁悲观,总觉矮人一头的“自卑型”性格,则应根据其特长多参加诸如爬山、游泳、打球、射击等带竞争性的活动,以展示他的才华，培养和锻炼其进取心和自信心。

总之，孩子弹性性格的培养，不是一朝一夕，一蹴而就的事情。但只要家长从点滴做起，长期坚持，就能使孩子培养出面对失败而不屈，面对厄运而刚毅，能伸能缩、刚柔相济的弹性性格来。

(3)乐观开朗，孩子必不可少的EQ指标

生活中大大小小的逆境，都是磨炼孩子毅力和意志的运动场。对挫折采取的不同态度，可能会对孩子个性的形成产生截然不同的结果。人总是跨过了无数道沟沟坎坎，越上一级级人生“台阶”，才能体验“一览众山小”的人生修为。身为父母，可不能错过培养孩子“逆境商”的这一阶段。

如果你6岁的孩子在新年联欢会上表演出错或做算术题全班倒数第一，他会说：

——“以后再也不上台表演了，免得当着那么多小朋友的面出丑。”“真希望永远不再做算术题了。”

——“我只不过事先没有排练或偶尔粗心罢了，下次我好好准备，超过别的小朋友绝对没问题！”

或许你觉得第二种孩子是在说大话，但事实证明，这种坦然和自信的孩子将来绝对比前一种态度的孩子乐观和勇敢，也更容易战胜自己。

这些面对挫折的心态，不是孩子与生俱来的，而是历经逆境逐渐形成。如果父母能成功地引导孩子认同第二种态度，使之长久地保持“我一定能把困难搞掂”的热情和信心，无疑是给了孩子一笔巨大的人生财富。

历史镜头

低调做人，高调做事

有一天康熙兴致十分高，决定带领皇子们去御花园的池塘里钓鱼。皇子们十分高兴，一个个兴高采烈。其实，康熙是用心良苦的，他想利用钓鱼来看看自己孩子做人的心态。

不一会儿，太子钓起了一条大鱼，他一边收杆，一边兴奋地高叫着，不曾想，这条大鱼突然从鱼钩上挣脱，又蹦进了鱼塘，太子望着带血的鱼钩，沮丧地叹了口气。

过了不多时，康熙也钓起了一条鱼，他不紧不慢地回竿，并把鱼放进了鱼篓里。此刻，四阿哥胤禛也将鱼杆往上一抬，一条活蹦乱跳的鱼被钓了上来，他态度沉稳地将鱼杆一收，立刻把鱼从钩上卸下，也扔进了鱼篓里，整个动作干净利落。

再看其他的皇子，总不见鱼吃饵，急得他们在这边钓钓，又跑到那边钓钓，然而，过了大半个时辰，仍未钓上一条鱼。

结果，胤禛被被康熙表扬了。什么原因呢？

康熙对皇子们说："太子虽然聪明机灵，垂钓技术也不错，但过于求胜，太想邀功，欲速则不达，以至让到手的成果又从眼皮低下跑掉了。倘若一个国家交给他来打理，一开始可能会发展迅猛，但不多时就会到达成长的极限，严重者还可能触礁翻船。很显然，太子不能成为一个好的舵手。其他人心浮气躁，情绪波动频繁，自我控制力差等。胤禛之所以被夸奖，除了能力强、技术过硬外，还有个很重要的原因：心态平稳，不急不躁，谦逊不张扬，这是干大事的人必备素质。”

康熙还教育他们：低调做人，高调做事。锋芒太露，不仅容易伤人，而且容易引起他人的嫉妒，成熟的谷穗是下垂的。低调做人是一种处世的智慧，给人的感觉就是大智若愚，才华不外露。一旦得到什么任务，他的才华就会自然地显露出来，能够把事办得干净利落、漂漂亮亮。

一个人当取得了显赫的成绩以后，必须重新审视自己的处境，千万不要利令智昏，最好的办法是低调做人，力求少得，方可保平安。低调做人，是一种明哲保身的智慧。

教育成果

低调才会更踏实

雍正刚毅有为，计谋深远，于政治经济制度多有创新，承前启后，奠定了大清的康乾盛世的基础。雍正的治世工夫谋略艺术果真了得，尤其是争得皇帝宝座、传位于其人两件事干得漂亮，有始有终。雍正做事情不张扬的个性，为政治家中所少有。

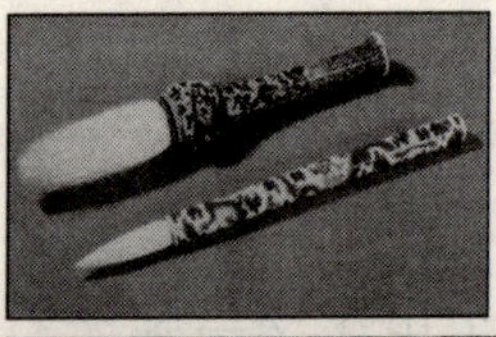

一开始，许多人都忽视了这个后来成为皇帝的皇四子。在二阿哥（原太子）被废、大阿哥失宠之后，由于三阿哥允祉缺乏政治才能，这位四阿哥就成为了几个年长皇子中相当引人注目的一位。他虽也同其他几位年长的皇子一起受到父亲的怀疑，甚至被拘禁过，但总的来说，他给康熙留下的是一个较为淳厚老实、孝敬恭顺的儿子印象。

当太子被废、胤祀受到严厉处罚时，四阿哥还在父亲面前有分寸的为他们说情，留下了“识大体”的美名。几个年长的皇子为争夺太子地位拼命活动，他却相当的平静，看不出有什么猖獗的表现。康熙最忌讳儿子们结交朝臣、培植私党，四阿哥的雍王府正是一个颇为冷清、车马少至的所在。但他对父亲交代的事情都做得妥妥当当。不张扬外露，也适当表现才能，在露与不露之间掌握着分寸。这期间，胤禛封贝勒，进封雍亲王。也许胤禛本来的意图在博取父亲的欢心，名正言顺的当上太子。然而很不幸，已经做了五六十年皇帝的康熙还嫌不过瘾，所以对年长的儿子，一个都不放心。因此，胤禛也必须做其他的准备。胤禛并没有像废掉的太子、皇八子那样结交许多大臣，声势过大，反而弄巧成拙。枪杆子或者刀把子里面出政权是阶级社会的规律，但在专制社会的权力斗争中，决定成败的关键是掌握关乎政权机要的军事力量。他只结交了两个重要人物：一个是隆科多，那是皇帝的胞兄，而且是步兵统领，掌管京城的戍卫；一个是年羹尧，他是四川巡抚，在与准噶尔作战的西线战场拥有一支主力军队。

胤禛没有过多的争位活动，但长期隐忍不发，而一发必中，乃是历史所证明了的权力斗争的一个重大原则。

现代教育
点石成金

教孩子把张扬收起来

在为人处世方面，中国古代的古铜钱给了我们极好的启示——内方外圆。“方”是做人之本，“圆”是处世之道。

“内方”，即为人要正直、诚实、谦逊、勤勉、质朴、守信、耐心、勇气、公正，对人要真诚、友善、宽容、乐于助人、善于分享。所以，一个人想要成功，他的品质是最为关键的，因为人的品质决定人生成败！为人要低调，低调做人，可以在孩子周围保持健康的空气，形成一个良好的人际生态环境。

家长在教育孩子低调做人、高调做事的时候，应该注意以下几个原则，以确保孩子在正常道路上健康成长。

(1)适当鼓励而不过火

任何人都希望被别人肯定，孩子也一样。他们希望自己的成绩和行为得到家长的认同。在这个时候，家长不应该泼孩子冷水，而应该进行适当的鼓励，激发孩子继续前进的欲望，使之成为孩子前进的动力。但是要注意的一点就是，鼓励要适当，不要让孩子认为自己是十分了不起的人物，从而产生骄傲情绪，那样将得不偿失。

(2)父母树立榜样

父母是孩子的第一个老师，孩子的很多行为都或多或少地受到父母的影响。所以，父母应该给孩子树立低调做人的榜样，让孩子在这种氛围中潜移默化，从而形成其良好性格。

(3)对孩子的行为加以引导

任何人都有虚荣心，更何况是孩子。当孩子出现某种不良苗头时，及时加以引导，这样更有利于孩子性格的形成。比如用说故事的方法，让孩子明白其中的道理，而不是依靠简单粗暴的方式去制止，因为这样更容易让孩子接受。

(4)鼓励高调做事

对自己的要求高、标准高，做事的态度将会更加积极。高调做事，是孩子一生的财富，将引导孩子走向更高的追求之路，从而体现自己的人生价值。

做人像水，做事像山。做人要像水一样往低处走，坦荡乎如大海之谦下；做事要像山一样耸立起来，巍巍乎如高山之仰止。这是成功者给我们的绝好启示和最佳诠释，道理就这么复杂，又这么简单。

历史镜头

分享并不是失去

张良，字子房。他原是韩国的公子，姓姬，后来因为行刺秦始皇未遂，逃到下邳隐匿，才改名为张良。

有一天，张良来到下邳附近的圯水桥上散步，在桥上遇到一个穿褐色衣服的老人。那老人的一只鞋掉在桥下，看到张良走来，便叫道："喂！小伙子！你替我去把鞋拣起来！"张良心中很不痛快，但他看到对方年纪大了，便下桥把鞋捡了起来。那老人见了，又对张良说："来！给我穿上！"张良很不高兴，但转念想到鞋都拾起来，又何必计较，便恭敬地替老人穿上鞋。老人站起身，一句感谢的话也没说，转身走了。

张良愣愣地望着老人的背影，猜想这老人一定很有来历，果然，那老人走了里把路，返身回来，说："你这小伙子很有出息，值得我指教。五天后的早上，请到桥上来见我。"张良听了，连忙答应。

第五天早上，张良赶到桥上。老人已先到了，生气地说："跟老人约会，应该早点来。再过五天，早些来见我！"又过了五天，张良起了个早，赶到桥上，不料老人又先到了，老人说："你又比我晚到，过五天再来。"又过了五天，张良下决心这次一定比老人早到。于是他刚过半夜就摸黑来到桥上等候。天蒙蒙亮时，他看到老人一步一挪地走上桥来，赶忙上前搀扶。老人这才高兴地说："小伙子，你这样才对！"老人说着，拿出一部《太公兵法》交给张良，说："你要下苦功钻研这部书。钻研透了，以后可以做帝王的老师。"张良对老人表示感谢，老人扬长而去。后来，张良研读《太公兵法》很有成效，成了汉高祖刘邦手下的重要谋士，为刘邦建立汉朝立下了汗马功劳。

张良熟读经书和兵法，特别是《太公兵法》，在跟随刘邦打天下的过程中，屡次教育刘邦做人和做事的道理。

独乐乐不如众乐乐。在行军打仗，每攻克一座城池，张良就建议犒赏三军，让士兵和统帅同样分享成功的喜悦。在遇到挫折的时候，刘邦会听从张良的建议，善待生还的士兵，给他们一定的物质保障和精神激励。

认清自我，不以自我为中心。张良告诫刘邦：每次战斗都是将领和士兵浴血奋战的结果，而不是自己一个人的力量。所以，不要自高自大，而应该重新认识自我，摆正自己的位置，做到与士兵同艰苦、共患难，只有这样，才能真正得到人心，让人为你效力。

分享并不是失去。张良说，与人分享并不是失去。不要把眼前的利益看得太紧，要从长远的利益出发。没有人愿意为一个惟利是图的人尽忠尽智，只有懂得分享的人才能获得别人的尊重和认同。善于分享的人将会得到很多想也想不到的东西。

刘邦在张良循循善诱的教导下，学会了分享，尝到了和人分享的甜头，即使在他当上皇帝，他也深深懂得：分享并不意味着失去，而会得到更多。

生活需要伴侣，快乐和痛苦都要有人分享。没有人分享的人生，无论面对的是快乐还是痛苦，都是一种惩罚。

教育成果

独乐乐，不如与人乐乐

刘邦知人善任，宽宏大量，宁愿斗智而不斗力。这正是刘邦能够从风起云涌、诡谲多变的时代里脱颖而出的原因。知人善任，所以拥有优秀的将领和一流的幕僚人才，巩固了领导中心；宽宏大量，所以能够散发领袖魅力，使属下心悦诚服；宁愿斗智而不斗力，所以能残存喘息，绝地逢生，培养实力。这就是刘邦能够变成“弱势大赢家”的理由。由于居于弱势，他乐于与众人分享，终成强者。

刘邦有一天在洛阳南宫设宴招待文武大臣。在宴席上，刘邦问文武大臣：“诸位将领，你们坦率相告，我为什么能够取得天下，而项羽怎么又会失去天下呢？”王陵回答说：“您派人攻城略地，取胜后论功行赏，与大家分享利益。而项羽嫉贤妒能，有功的人他就设计陷害，有才学的人他就怀疑。打了胜仗，得到土地，既不赏有功之人，也不给别人一点好处，所以他才失掉了天下。”

刘邦听后笑着说：“你只知道这一方面，而不知道另一方面。在营帐之中决定计策，能取胜于千里之外，这点我不如张良;安定国家,抚恤百姓,保证供应不缺,粮食不断,这点我不如萧何;组织百万人战无不胜,攻无不克,这点我赶不上韩信。他们三个都是杰出的人才,因为我用他们,所以能取得天下。项羽有个能人范增,他却不用,所以他失去了天下。”

刘邦消灭项羽后,平定天下,当上了皇帝,史称汉高祖。接着,要对功臣们评定功绩的大小,给予封赏。刘邦认为,萧何的功劳最大,要封他为赞侯,给予的封户也最多。群臣们对此不满,都说:“平阳侯曹参身受七十处创伤,攻城夺地,功劳最多,应该排在第一位。”这时,关内侯鄂千秋把刘邦要讲而未讲的话讲了出来:“众位大臣的主张是不对时。曹参虽然有转战各处、夺取地盘的功劳,但这是一时的事情。大王与楚军相持五年,常常失掉军队,只身逃走也有好几次。然而,萧何常派遣军队补充前线。这些都不是大王下令让他做的。汉军与楚军在荥阳时对垒数年,军中没有口粮,萧何又用车船运来粮食。如今即使没有上百个曹参,对汉室也不会有损失,怎么能让一时的功劳凌驾在万世的功勋之上呢?应该是萧何排在第一位,曹参居第二位。”刘邦肯定了鄂千秋的话,于是确定萧何为第一位,特许地带剑穿鞋上殿,上朝时可以不按礼仪小步快走。

现代教育
点石成金

让孩子把分享看成是快乐的事情

在日常生活中,我们定会遇到如下不愉快的事情:有客人领着小孩来访,你刚刚拿出糖果,你的孩子却一手夺过去并说:“这是我的,不给你吃。”当小客人拿起孩子的玩具时，你的孩子马上又说："不能玩，这辆汽车已经坏了！"面对此情景，我们做家长的，就须意识到培养孩子分享意识的重要性了。要教育孩子从小学会交往，学会分享。

(1)要从小弱化孩子的自我意识

现今的大多独生子女的家长更应注意不要让孩子从小搞特殊化。要让孩子体会到大家是平等的，好东西应该与大家分享。

(2)要让孩子明白：分享是互利，不是失去

让孩子把玩具借给别人时，家长应及时教育、引导孩子，说明这只是借，玩过了就还给你。使孩子亲身体会到借给别人东西也是一种快乐，也是一种分享。

(3)及时鼓励孩子好的行为

当我们看到孩子稍有进步需予以表扬，而不是一种随便的态度，因为表扬能促进孩子对这件事情的正确认识。

(4)鼓励孩子积极参与各种合作活动

让他们在活动中进一步体会到只有与人分享，才会玩得快乐，玩得开心。从而进一步强化他们的分享意识。

(5)从家长自身做起

要培养孩子的分享意识,还有一个关键,就是家长本身。有时候家长没有分享意识,却在潜移默化的影响着下一代。家长要坚持正面引导,对于孩子的点滴进步,要及时鼓励,并保持教育的一致性。

一个人生活在社会里,如果没有别人的帮助与合作,将寸步难行,一事无成。学会与别人共处,从小就培养与别人"分享"的意识,长大成人后,才会很好地与他人相处,很好适应社会环境。

历史镜头

尊重是做人的根本

李渊教育李世民:尊重是做人的根本。其内容包括以下几个方面。

尊老爱幼。李渊说:"如遇忌讳之事,有年高者则子弟为年高者击忌讳,子孙众多年高者亦为子孙忌讳,是皆彼此爱敬之意。汝等知此,必遵而行之。"意思就是如果遇到一件避讳的事,有年纪大的人,那么子弟要对年纪大的有所避讳,子孙很多的,年高者也应对子孙有所避讳。这就是彼此爱护尊敬的意思。你们要懂得这些道理,必须遵照执行。

取笑残疾,必然遭祸。李渊说:"大凡残疾之人不可取笑,即如跌蹼之人亦不可哂。盖残疾之人见之宜生怜悯。或有无知之辈见残疾者每取笑之,其人非自招斯疾,即招及子孙。"李渊告诫孩子们不要取笑残疾人,这是传统的美德。

待前朝厚，得天下正。李渊告诉孩子：我之所以得到天下，是因为我对待前朝的一片忠心以及仁厚，所以很多英雄豪杰就慕名而来，得天下就是很正当。“我朝得天下正，待前朝厚，可谓超出往古矣。”

涵养仁爱，戒除躁忿。李渊说：“凡人平日必当涵养此心。”

尊之则悦，贬之则悲。当人的自尊心得到满足时，便会产生一种成功的情绪体验。一旦不被尊重，便会产生失落感、不满和愤怒情绪。

教育成果

尊重靠自己赢得

房玄龄因犯了一个小小的错误，被李世民轰回宅第去赋闲了。褚遂良看不过去，便上疏说：“玄龄从举义旗开始，一直翼赞圣功。在武德末年，又冒死为陛下决策。到了贞观初年，在遴选贤良人才等方面，要是与其他大臣相比，玄龄又是出力最勤的。除非他真的罪不容赦，否则不应该轻弃他的。陛下要是认为他衰老了，也要有礼节地让他退养。可不能因偶尔一点点小错误，就把几十年的功勋旧臣给辞退了啊！”李世民读完疏奏，马上也就悟到了自己的处置欠妥，立即派人去召房玄龄出朝，官复原职。而房玄龄此人一向谦让，出来上朝了几天，又找了个借口避位而回家了。

又过了很久，一次皇上说要去行幸芙蓉园，房玄龄闻讯，马上命儿子兄弟辈去洒扫宅门庭院等，并且对他们说：“皇上的乘舆就要来了。”

果然不出房玄龄之所料，不一会儿，李世民真的来到房玄龄宅第,并用皇帝的乘舆把房玄龄接回了宫里。

贞观二十一年五月庚辰日,李世民御临翠微殿,问左右侍臣"自古以来的帝王,虽也有平定中原华夏的,但不能臣服戎狄四夷。朕要论才干还远远比不上古人,而成就的业绩却已超过了古人。朕自己说不清其中缘故,请诸公随意说说,把真情都告诉朕。"群臣都说:"陛下功德如天地,万物不得而名言。"就是都不能如实作答。

于是李世民皇帝说:"不对。朕之所以能做到这一点,也不过有五个方面的原因。一是自古以来的帝王都嫉妒超过自己的人,而朕见到人家的优点与长处,好像是自己拥有的一般。二是人的品行与能力不可能兼备,而朕能弃其所短而取其所长。三是作为人主,往往引进贤才时恨不得置之于自己的怀里,辞退不称职的人时又恨不得一把将他推到沟壑之中,而朕则见到贤达就敬重,见到不肖就怜悯他们,让贤者与不肖者能各得其所。四是一般为人主者都不好正直,阴谋诛杀与公开杀戮,哪个朝代没有呢?而自朕践祚以来,正直之辈比比皆是,林立于朝上,从未有一人遭到黜贬与谴责。五是自古以来,一向是贵中华而践夷狄,而只有朕爱之如一。所以族各部落都愿来依附于朕,像子女亲近父母一般。朕之所以成功,仅在此五点而已。"

李世民一口气历数这五点之后,便对站在他左右的褚遂良说:"我公曾任过史官之职,像朕刚才所说的是实情吧?"诸遂良回答说:"陛下之盛德不可胜载,而能做到这五点,这是陛下谦而又谦之志向的表露啊!"此言确实发自内腑。

现代教育点石成金

不要以自己为“圆心”

(1)先付出才能得到

孩子第一个必须尊重的人，就是他自己。获得自尊的第一步，就是自问：我有什么是值得自己尊重的？

如何尊重他人，尤其是那些自己不喜欢的人？方法就是，问自己：他们有些什么是值得我尊重的？

带着微笑不会比皱眉头困难；说一些友善或鼓励的话，也不比批评一顿来得费力。友爱地对待他人，其实跟不友善或不关怀他人是一样容易的事。问题是，我们很多人都不愿意去当那个先付出的人，我们只在得到了之后，才会付出。

(2)尊重父母是尊重他人的基础

一个孩子学会尊敬他的父母是非常重要的——这无关于满足父母的自尊，而是为孩子日后对所有的其他人有适当的态度，打下基础。

我们通常都希望孩子成为我们生命的延续，如果一个孩子在16岁之前就成功地否定了父母的权威，当着父母的面嘲笑和坚决地反对，那么，他就会对父母自然而然地有一种蔑视，“可怜的爸爸、妈妈！我可以决定一切，不论我要什么，他们都不得不服从。”一个孩子如果每次都能以他的方式，他的机智胜过父母，并在公然的反抗和争吵中获胜，他就会想到这些，他就成了家中的权威和主宰，长大后，他极有可能成为一个自私且以自我为中心的人。

(3)注意对孩子的教育方式

对于孩子，有多种方式来教育，如言教、身教、体罚和退让等。对于他的过错，具体采用何种方式，取决于这是孩子无意的过失，还是故意的反抗。

无意的过失，对于成长中的孩子也许是经常会发生的，作为父母，应该宽容，讲明事理就能解决问题。但故意的无礼的反抗，则作为父母应当迅速而明确地表示反对，也许用语言，必要时用适当的体罚，或是其他有效的方法，必须让孩子明白，父母是家庭中值得尊敬的人，作为孩子不允许对父母无礼。父母要求孩子尊敬他们，同时也要尊重孩子。

(4)让孩子懂得回报

对于家庭教育来说，父母不能太溺爱孩子，不能单向地输送爱心，也要让孩子懂得作出适当的情感回报，不能让孩子认为父母的付出是理所应当的。比如在父母接送孩子上下学的时候，应该教会孩子向父母致谢："爸爸妈妈辛苦了！"

父母要确立规矩，并使孩子遵守，规矩可以商量，但不可违反，这样，从婴儿期就应开始树立父母的权威，日后孩子就知道如何尊敬父母长辈，如何平等的同他人相处了。

(5)多为别人着想

作为父母,一个重要责任就是教会孩子尊重他人,善于交际,要处处为别人着想,不要总想着自己。因为这会让他很容易交上朋友,而不致孤单。如果不改正不爱交际的行为,他就永远不会为社会所接受。因此,在他这种行为养成习惯、妨碍他成为周围朋友中的一员之前,就应改正这种行为。

(6)尊重他人,学会交往

和谐的人际关系是心理健康不可缺少的条件,也是获得心理健康的重要途径。其实生活中许多人际冲突都是发生在没什么原则的问题的小事情上,本来只要打个招呼,一声道歉也就没事了,但是双方都有强烈的自尊,都不知道如何尊重别人,尊重他人就是尊重自己。人际和谐的“秘方”是乐于与人交往,学会与人交往。

历史镜头

点亮原谅的灯笼

鲍叔牙,又称鲍叔,春秋时期齐国有名的一位大夫。此人因“辅君”、“让相”而彪炳史册,至今为人们所传诵。

鲍叔牙在辅佐公子白的过程中,教育公子白要有宽阔的胸怀、博大的胸襟。

宽严相济,使人之要。鲍叔牙说:“为人上者,使令小人固不可过于严厉,而亦不可过于宽纵。如小过误,可以宽者则宽宥之;罪不可宽者,彼时则惩责训导之,不可记恨。此乃使人之要，需留心记之。”意思是说，作为统治者，对下属要宽严相济，能原谅的就原谅，不能原谅的就要惩罚，这是用人的原则。

扬善揭短，智者不为。鲍叔牙告诫公子白：“凡书生颂扬君上，或吟咏诗赋，欲称其善，必先举人之短，而后方颂言之，实为不妥。”意思是说不要随意揭别人的短处，而应该心怀宽容之心，原谅别人的过错。

知错者不宜过分责罚。犯错之人既然已知自己的错误，内心深处一定陷入深深自责与内疚的泥潭不能够自拔，如果这时还得不到原谅，对于他而言，无疑更是雪上加霜。人非圣贤，孰能无过？人不是神，既然是人就难免有犯错的时候，面对着别人的错误，我们是耿耿于怀还是原谅他所犯的错呢？也许是仁者见仁、智者见智，但是如果把别人的错误作为手中的一把利剑，时时提起，久久不能释怀，既贬低了自我人格又让犯错之人悲痛欲绝。既然错误已酿成，无法改变，就要放下包袱，退一步海阔天空，放过别人，原谅所有的错，也就放飞了自己的心情。

教育成果

能原谅他人的人就不简单

能用人，能驾驭人，是刘邦的最大长处，是他能够战胜项羽、平定天下的极其重要的因素。他对此最引以为自豪：“夫运筹策帷帐之中，决胜于千里之外，吾不如子房；镇国家，抚百姓，给馈饷，不绝粮道，吾不如萧何；连百万之军，战必胜，攻必取，吾不如韩信。此三者，皆人杰也，吾能用之，此吾所以取天下也。项羽有一范增而不能用，此其所以为我擒也。”

宽容以待人，不拘小节，不计前嫌，是能够广揽人才，得众心的重要原因。

众所周知，春秋五霸之一的齐国，之所以成为雄霸中原、号令诸侯，是因为曾经拥有一位胸怀经邦济世之才的名相管仲。

但管仲之所以成为一代名相，却不能不提及一个至关重要的人物鲍叔牙。

“管仲夷吾者，颍上人也。少时常与鲍叔牙游，鲍叔知其贤。管仲贫困，常欺鲍叔，鲍叔终善遇之，不以为言。已而鲍叔事齐公子小白，管仲事公子纠。及小白立为桓公，公子纠死，管仲囚焉。鲍叔遂进管仲。管仲既用，任政于齐，齐桓公以霸，九合诸侯，一匡天下，管仲之谋也”。

自幼贫困的管仲，其人生并非一帆风顺。少时不仅依靠和鲍叔牙一起做买卖，以谋取生存，还时常欺负人家。但即使在后来因投错主子，身陷囹圄之际，仍是因为鲍叔牙在帮助，才得以脱离牢狱，获得一展才华之机会。

世事难料，人生的升沉荣辱，往往难以把握。管仲前半生的坎坷与后半生的辉煌，于是构成一部传奇。但正是在鲍叔牙的帮助下，才构成这部传奇。

对于两人相交的经历，我们从管仲功成名就之后的一席话，可以得到更清楚的了解。

“吾始困时，尝与鲍叔贾，分财利多自与，鲍叔不以我为贪，知我贫也，吾尝为鲍叔谋事而更穷困，鲍叔不以我为愚，知时有不利也。吾尝三仕三见逐于君，鲍叔不以我为不肖，知我不遭时也。吾尝三战三走，鲍叔不以我为怯，知我有老母也。公子纠败，召忽死之，吾幽囚受辱，鲍叔不以我为无耻，知我不羞小节而耻功名不显天下也。生我者父母，知我者鲍子也。”

这段自揭老底的话，道出了管仲前半生所有的无奈。

从和鲍叔牙一起做买卖，分钱财时多装一些进自己腰包，到“三仕三见逐于君”，几次身为小吏，都被上司像狗一样赶走，又“三战三走”，屡次打仗屡当逃兵，甚至后来和鲍叔牙分道扬镳，又因主子失败，成为阶下囚，管仲在登上人生巅峰之前，其实也未能免俗，且做过不少常人难以理解的事。

然而即使如此，总有一个令他成为“知我者”的鲍叔牙在关注他，帮助他。

“知其贤”的鲍叔牙，并没把管仲的无奈之举放在心里。即使在两人分道扬镳，成为敌对双方之后，也是如此。一个辅助公子小白，一个辅助公子纠。在两边主子的争斗中，结果是公子小白获胜，成了齐桓公。此刻，身为桓公旧臣的鲍叔牙，自然已居上卿之位。而辅佐公子纠的管仲，则理所当然身陷囹圄了。只是好在对其“终善遇之”的鲍叔牙不仅没有忘记他，更是把握新君初任，求贤若渴的良机，将他于牢狱请出，荐达于齐桓公座前。

如果说管仲的忍辱负重是一种美德的话，能够容忍管仲忍辱负重时的种种无奈，鲍叔牙的气量胸襟则令人叹为观止。

胸怀经邦济世之才者，原本世代不乏其人。身为人中伯乐的鲍叔牙，却罕见其匹。不然的话，古来不会有那么多怀才不遇、空留遗恨的悲剧发生。

拥有鲍叔牙，因而不仅是管仲的幸运，也是齐国的幸运。没有鲍叔牙，自然难有管仲的辉煌。但如此一来，春秋时期的齐国的历史，乃至中国历史，或许就得改写。

宽容仁厚，慧眼识才的鲍叔牙，以其 2000 多年前之所为，为国人建立一条堪称红地毯级别的通道。这条专供人才尤其奇才通行的通道，无论之于人才抑或国家，都珍贵无比。

“鲍叔既进管仲，以身下之”。从史籍的字里行间，我们因此在见到幸运如管仲者伟岸身影的同时，更对无私荐达贤才，且甘心位居其下的鲍叔牙，充满崇敬。

在公子小白回齐国的路上，管仲早就派好人马拦截他。管仲拈弓搭箭，对准小白射去。只见小白大叫一声，倒在车里。

管仲以为小白已经死了，就不慌不忙护送公子纠回到齐国去。怎知公子小白是诈死，等到公子纠和管仲进入齐国国境，小白和鲍叔牙早已抄小道抢先回到了国都临淄，小白当上了齐国国君，即齐桓公。

齐桓公即位以后，即发令要杀公子纠，并把管仲送回齐国办罪。管仲被关在囚车里送到齐国。鲍叔牙立即向齐桓公推荐管仲。齐桓公气愤地说："管仲拿箭射我，要我的命，我还能用他吗？

鲍叔牙说："那回他是公子纠的师傅，他用箭射您，正是他对公子纠的忠心。论本领，他比我强得多。主公如果要干一番大事业，管仲可是个用得着的人。"

齐桓公也是个豁达大度的人，听了鲍叔牙的话，不但不办管仲的罪，还立刻任命他为相，让他管理国政。

管仲帮着齐桓公整顿内政，开发富源，大开铁矿，多制农具，后来齐国就越来越富强了。

领导用人需要雅量，因为你用人的时候，不是看谁跟你有过节，谁跟你关系最好，而是看谁最有能力，谁才是你最需要的人才。古有齐桓公用管仲，李世民用魏征，这些优秀的领导者大胆起用"仇人"，结果"仇人"帮他们缔造了盛世江山。

现代教育
点石成金

原谅原来也是一种美

现在孩子大多是独生子女，没有兄弟姐妹，没有同伴之间大顾小、小让大的氛围，且家长惟恐孩子吃不饱、穿不好，玩得不开心，一味迁就，这种客观环境容易形成幼儿自私的不良品格。

现在大多家长把孩子的健康看成头等大事，其次注重智力发展，识字、做算术、练琴、绘画，而有意识地引导孩子关心、谅解他人等方面则做得不够。

(1)形成劳动习惯，体会父母艰辛

农村的孩子较城市的孩子更能体谅大人，且懂事早。有一名5岁的幼儿，父亲是木工，母亲是裁缝，父母无暇顾及他，家里烧饭、洗碗都是他。而问到城市孩子"你经常帮爸爸、妈妈做些什么事"时，不少孩子回答说："妈妈不让我做。"为此，家长们应有意识培养幼儿的独立生活能力，让他们做一些力所能及的事，如教会孩子自己折叠衣服，学洗手帕，饭前摆餐具，饭后帮助把桌子收拾干净等等，这样不仅能培养孩子的自理能力，形成劳动习惯，更重要的是让他在劳动中，体会到父母的艰辛。

(2)学会在生活中处理矛盾

家长还应注意创造条件让孩子多和邻居小朋友一起玩，在活动中注意相互关心和谦让，学会处理和解决矛盾。有了好吃的，注意让他和小伙伴、父母同享，老人有病让他去问候、关心，久而久之，同情、关心别人之心就会萌发，良好品质也可养成。

孩子在交往过程中会经常遇到小的矛盾和冲突。对孩子来讲，这能促使他们慢慢地了解“自我”与“他人”的关系，知道蛮横、不讲理，任性和霸道，在社会上是行不通的。并从中学会与人相处、妥善处理问题的方法。学会原谅别人，是孩子的必修课。它有利于克服“自我中心”意识，知道“我”与“他人”的含义；有利于人际关系的和谐，培养幼儿的社会适应能力与合作精神；能帮助孩子学会宽容、忍让，为别人着想；促进孩子良好性格的形成。

(3)让孩子多接触同龄人

要创造机会让孩子多接触同龄人，在交往中互相取长补短，提高人际交往能力及社会适应能力，养成良好的性格。在交往中遇到矛盾和纠纷时，可适当给予抚慰，同时帮助孩子分析事情发生的原因，找出自己或别人的不对之处，明辨是非后，妥善处理。

(4)让孩子检讨自己的过失

要疏导、转移孩子对矛盾结果的注意力，反思起因，检讨自己的过失，宽容伙伴的缺点与失误行为。告诉孩子对朋友要以诚相待，学会原谅别人错误或者过失。懂得宽容忍让有利于增进友谊。另外，教给孩子原谅的标准。让他们分清是非，知道哪些应采取原谅的做法，哪些是不可以原谅的。明白原谅、忍让不等于没有原则，不是放弃批评与反抗。必要时，让幼儿体验一下不原谅别人的害处：因为总是与人斤斤计较，毫不容人，小朋友们就会害怕或不喜欢与你做朋友。不会原谅别人，也得不到别人的原谅。

大人要做孩子的榜样，“能饶人处且饶人”。耳濡目染，孩子才能在相应的时候做到原谅别人。

历史镜头

锤炼铄金口才

语言交流的目的不外乎获得信息、反驳不同意见、说服他人、解释原因、沟通感情，所以相对而言，语言有5种技能，或者说5种艺术：审之术、辩之术、论之术、释之术、聊之术。这五术是练好口才的核心。

从小康熙就教育皇子们，会说话是一个人的能力的表现，不会说话的人，永远都不可能得到他人的欣赏和喜爱。

首先，说话要有自己的观点，能够吸引人。

胤禛很小的时候，有一次在后宫，人们谈起了过去京师的繁华有些伤感，为了调节气氛，康熙就半开玩笑地问身边还只有四五岁的儿子胤禛说：“你觉得京师近还是太阳近呢？”胤禛想也没想就说：“当然是京师近了。”大家就看着胤禛说：“那你说说为什么京师近？”胤禛说：“我经常听说有人从长安来，但从来没听说过有人从太阳上来啊！”大家都非常佩服小胤禛的聪明。第二天上朝的时候，为了显示儿子聪明智慧，康熙就当着大臣问胤禛：“您觉得是京师近还是太阳近啊？”他希望小胤禛把昨天的逻辑复述一次。结果小胤禛想也没想就说：“太阳近，京师远。”立时所有的大臣都感到惊讶。因为小胤禛犯了常识性错误。康熙觉得很没面子，有点不高兴地问：“那你说说为什么？”胤禛眨眨眼睛，不慌不忙地说：“我每天都能见太阳，可从来没有一次见到过京师。”这个逻辑非常具有常识性，而且非常巧妙，满朝文武都夸小胤禛有智慧，康熙自己也觉得非常高兴。

其次，告诉对方他在你心目中很重要。每个人都希望受到重视，因此，有必要把你心目中对他人的尊重与期许告知对方。受到鼓励的人往往会做出出乎你意料的事。

胤禛还是一个小皇子时，有三个著名的隐士住在山里。为了增加自己的号召力，胤禛派人几次去请他们出山，但都没有请下来。后来胤禛就自己去请，三个贤人一看，胤禛是个小孩，就没把他放在心上。胤禛一开始没有谈起让他们下山的事情，而是问他们：“你们住在山里，山里一定有很多的景色吧！”

这三个人就笑了，心想：“到底是小孩啊，就会谈这些事情。”于是就回答说：“山里有飞禽走兽，花鸟鱼虫，什么都有。”

小皇帝说：“那你们说山里的鸟是不是孔雀最好看啊？”

三杰说：“孔雀很漂亮啊。”

这时，小胤禛自己张开两只手学着孔雀的样子说：“我也觉得孔雀很漂亮，而且它是难得见到的珍禽。”紧跟着话锋一转说：“可是我这次到山里来，不是为见孔雀，而是为见你们三位更加不同寻常的人物，因为你们三位在人群之中就好比孔雀在鸟群之中一样稀少难得，所以我想请你们帮助我治理国家。”三个人被小皇子的天真和形象生动的比喻感动了，终于决定跟着他下山去京师。

教育成果

伶牙俐齿好口才，游刃有余功夫深

两广总督因与年羹尧往来而引罪。雍正安慰他："朕识人有误，才使年羹尧受到重用，胡作非为，这与别的人没有关系。"

就因为有此一句话，与年羹尧有过来往的官员安心了。封建体制下的官员任免，往往牵一发而动全身，引起朝野动荡。因此，在拿权倾一时的年羹尧开刀之后，面对人心惶惶的官场，雍正当机立断，安抚人心，这一招也是十分必要的。一句话就安定了朝中大臣的顾虑之心。

皇帝也是凡俗肉身，不可能全知全觉，有时候遇事吃不准，虽然下臣的建议正确，也往往一时得不到支持。

雍正四年九月间，甘肃巡抚石文倬建议在该地铸造制钱，以使禁绝私钱。石文倬想成为汉朝的邓通，无奈雍正皇帝并不批准。同年十一月，石文倬再次奏请开炉铸钱，雍正了解情况后就改变了态度。

雍正起初犹疑不决，是不了解情况，后来证明自己判断有误，当即就改，这也不失为一位明主。雍正是有理性的皇帝，是能够宽容的。

雍正元年七月时，雍正曾就下臣对他纳谏问题向大臣们作过表白："朕不是文过饰非之人。人非圣贤，孰能无过。尔等果能指责朕过，朕心甚喜，子之过也如月之食，人皆见之，及其更也，人皆仰之。改过是天下第一等好事，有何系吝！"

自己虽然有过错，但是能够巧妙地把自己的过错转化为对进谏者的赞扬，而赢得臣子的尊重，这确实需要有过人的口才。

现代教育
点石成金

培养孩子数一数二的口才

父母怎样有效培养孩子说话的表现力，不要把孩子限制在你的知识范围内，因为他诞生在另一个时代，孩子的口才是成就其一生事业的重要才能。怎样培养孩子的口才呢？

(1)创造交流的条件和环境

口才与人的生长发育的成熟度紧密相关。在孩子发育的过程中，家长要重视孩子内心因素的作用。口才始于交流，家长要多为孩子创造交流的条件和环境。支持孩子说话以及和孩子一起做游戏等，是培养孩子口才的有效方法。

(2)开阔视野，增加孩子的阅读量

口才是人的思想的流露。要培养孩子的口才，首先要丰富孩子的思想，开阔视野，增加孩子的阅读量。和孩子一起讲故事，听故事，读书等，能提高孩子的语言表达能力、思想境界和知识积累。

(3)帮助孩子克服障碍

孩子毕竟是孩子，他们良好口才的形成也许是一个曲折的过程。在这期间，孩子在心理和生理方面可能会出现一些障碍，作为家长要加以引导和帮助孩子克服这些障碍。

人们常说：某某孩子天生口才好。其实不然，口才完全是靠后天培养训练出来的，而孩子口才的出现，正是儿童心理发展过程中一个显著的飞跃。在孩子2~3岁年龄段，因大脑皮质中支配语言的神经组织已经逐渐发育成熟，是孩子口头语言发育的最佳年龄。有意识地对孩子的语言进行训练，对日后孩子的语言表达能力，即口才的"天资"有很大的促进作用。

言语发育是一个连续的、有顺序发展的过程。1岁半的孩子开始发出一些单音词，妈、爸等；2岁时，有的孩子会说一些简单句；3岁开始学说复合句。成人要丰富幼儿的生活内容，启发孩子观察分析各种现象的能力，必须从看得见、摸得着的具体实物入手，再逐步转入抽象的事和物。先教他们说一些生活用具、玩具和交通工具等实物的名称，再让他们经常重复自己的各种动作的名称，摸一摸的摸，听一听的听，看一看的看等，一边说一边要做出具体的动作，这样学起来比学话快得多。

训练孩子语言表达时，大人讲话的口齿要清楚，发音要准确。幼儿发音不正时一定要及时纠正，不能任其养成习惯，更不要因为觉得孩子发音不准可爱、有趣，而不予纠正。儿歌也是促进幼儿语言发育的好形式。儿歌歌词短而押韵，易学，易记，孩子一旦学会，经常可以表演背诵。家长先要学好儿歌，要表情丰富，掌握好轻重缓急，也可以结合实物、图片或游戏进行边玩边念。

(4)鼓励孩子敢于讲话

在家里，家长还可以根据孩子的爱好，通过讲故事，激发孩子对自己讲故事的兴趣。逐步启发孩子组织词汇，连贯地表达。客人来访，或带孩子出去访亲探友时，家长要鼓励孩子主动向别人打招呼，鼓励他要敢于讲话。这样孩子从小在大庭广众中敢于表达自己的想法，对语言发育和口才的形成是至关重要的。

①鼓励孩子唱歌或朗诵短诗让你欣赏，或定期举行家庭表演会，以此训练孩子的胆子；

②让孩子重述小说或电视电影的故事，帮助孩子将长故事浓缩成“短剧”；

③多给孩子打气，对他们的努力要有具体的表扬，如：我很喜欢你描述的人物，很生动，你能不能再多讲一点？

④鼓励孩子在亲友前讲笑话或与他人分享个人的特殊生活经历，如度假，旅游等；

⑤比较年长的孩子可参与非正式讨论，以训练辩驳能力；

⑥有心志的父母甚至可每周定时训练孩子的口才，让其有机会练习演讲与辩论。